A EXCELÊNCIA DO OLHO DE TIGRE

CARO LEITOR,

Queremos saber sua opinião sobre nossos livros.

Após a leitura, curta-nos no facebook/editoragentebr,

siga-nos no Twitter @EditoraGente e
visite-nos no site www.editoragente.com.br.

Cadastre-se e contribua com sugestões, críticas ou elogios.

Boa leitura!

RENATO GRINBERG
AUTOR BEST-SELLER POR MAIS DE 1 ANO NAS LISTAS DE MAIS VENDIDOS

A EXCELÊNCIA DO
OLHO DE TIGRE

Como atingir resultados cada vez mais extraordinários como profissional ou empreendedor

Diretora
Rosely Boschini

Gerente Editorial
Marília Chaves

Editora e Supervisora de Produção Editorial
Rosângela de Araujo Pinheiro Barbosa

Assistentes Editoriais
César Carvalho e Natália Mori Marques

Controle de Produção
Karina Groschitz

Preparação
Entrelinhas Editorial

Projeto gráfico, Diagramação e Ilustrações
Triall Editorial Ltda.

Revisão
Sirlene Prignolato

Capa
Julio Moreira

Imagens de capa
Mike Liu e Peshkova/iStock by Getty Images

Impressão
Edições Loyola

Copyright © 2016 Renato Grinberg

Todos os direitos desta edição são reservados à Editora Gente.

Rua Pedro Soares de Almeida, 114,
São Paulo, SP – CEP 05029-030

Telefone: (11) 3670-2500

Site: http://www.editoragente.com.br

E-mail: gente@editoragente.com.br

Dados Internacionais de Catalogação na Publicação (CIP)
Angélica Ilacqua CRB-8/7057

Grinberg, Renato
A excelência do olho de tigre : como atingir resultados cada vez mais extraordinários como profissional ou empreendedor / Renato Grinberg. – São Paulo: Editora Gente, 2016.
176 p.

ISBN 978-85-452-0118-2

1. Sucesso nos negócios 2. Carreira profissional - Desenvolvimento 3. Liderança 4. Competência 5. Administração de empresas I. Título

16-0709   CDD 650.1

Índice para catálogo sistemático:
1. Sucesso nos negócios 650.1

Dedicatória

Dedico este livro aos meus pais, Roberto e Ira Grinberg, que foram os responsáveis pelos meus primeiros passos em direção ao *Olho de Tigre*. À minha querida esposa, Dani, minha verdadeira inspiração para manter sempre brilhando o meu *Olho de Tigre*, e ao meu maior patrimônio neste mundo, minhas filhas, Isabela e Mariana, que a cada dia me ensinam a continuar desenvolvendo e potencializando o meu *Olho de Tigre*.

Agradecimentos

Deixo também um agradecimento especial a: Lourença Barbosa, Ricardo Grinberg, Elijass Gliksmanis, Elisabete Bernardo, Sidney Bernardo, Joel Ferreira, Rosely Boschini, Ricardo Shinyashiki, Roberto Shinyashiki, Danyelle Sakugawa, Rosângela Barbosa, Fabrício Santos, Beto Melo (e por extensão ao Gustavo, à Júlia e à Mariane), Cleyton Oliveira, Mauro de Aquino Jr., José Luiz Tejon, Geraldo Rufino, Theunis Marinho, Marco Antônio Lopes, Helder Eugênio e a todos os meus colegas da BTS.

Prefácio

Quando conheci Renato Grinberg pessoalmente — eu já o conhecia por meio de seu maravilhoso livro *A estratégia do Olho de Tigre* —, houve uma identificação mútua imediata: Renato havia percebido como era importante ter certos aspectos de comportamento para obter sucesso profissional e pessoal e eu estava implantando na minha empresa, de maneira empírica, os mesmos modelos que ele apresentava em sua obra.

O sucesso não é sorte. Ou mesmo que haja algo que se chame de sorte, este não vem para qualquer um. A sorte acontece para quem está preparado para percebê-la e captá-la imediatamente. A oportunidade raramente surge duas vezes para a mesma pessoa.

A analogia do tigre com o cotidiano corporativo é precisa: o tigre é um predador voraz, inteligente, rápido, calculista, e a floresta em que ele vive é semelhante a uma empresa (ou à própria sociedade): está sempre em escassez de recursos, existem diversos outros predadores famintos e tão fortes quanto os tigres (os concorrentes) e as presas são raras e estão cada vez mais perspicazes (no caso empresarial, os clientes).

As visitas de Renato Grinberg ao **Grupo Eugênio**, que logo se tornaram mais frequentes, até chegar aos cursos que ele ofereceu aos meus colaboradores, foram um sopro de renovação intelectual de ambas as partes: de um lado, ele ofereceu o embasamento teórico que seria importante para criar novas estratégias para meus negócios, ao mesmo tempo que podemos ver suas *estratégias de Olho de Tigre* sendo postas em prática em uma empresa relativamente nova, mas que já fazia grande sucesso exatamente por agir como um tigre na selva do empreendedorismo solitário.

Mantendo o estilo simples, mas profundo, *A Excelência do Olho de Tigre* traz ensinamentos divididos em sete passos que qualquer profissional, seja ele iniciante, seja experiente, deve colocar em prática imediatamente, que são: mantenha-se faminto como um tigre; seja um atento observador; visualize as ameaças, planeje e ataque; seja água, terra, fogo e ar: inove; monitore seu posicionamento e mantenha o foco; comunique-se para alcançar suas vitórias e compartilhe seu sucesso.

Com esses conhecimentos, obtidos por meio de larga experiência profissional e da fome insaciável por excelência de Renato Grinberg — as quais todos já conhecem —, tenho certeza de que este livro avançará nas propostas iniciadas pelo primeiro e criará novos *insights*, e novas percepções e transformações para quem tiver a ousadia de, assim como um tigre faminto, devorar o conhecimento de sua nova obra.

E, como um dos passos ensinados por Grinberg, se comemorar a própria glória é um dos pontos-chave das estratégias de sucesso, comemoro a honra de ser um dos primeiros a ler esta obra que ajudará milhões a se tornarem tigres ferozes na selva que é a vida nos negócios.

Dr. Helder Eugênio
Diretor Grupo Eugênio

Apresentação

Talvez você não se lembre do meu nome, mas certamente conhece minha história, já contada inúmeras vezes na mídia e no meu livro *O Catador de Sonhos*, da Editora Gente. Sou aquele grande empresário de autopeças de caminhões que aos 5 anos perdeu a mãe e catava latinhas no lixão para sobreviver.

Sim, sou eu e me vejo em cada página deste livro. Afinal, minha história não foi só de superação, mas, acredite, foi de *seis* superações. Quebrei seis vezes e me levantei seis vezes. Quando você quebra, tem de olhar o bicho de frente e, em vez de correr ou se amedrontar, tem de tratar de encarar com o *Olho de Tigre* e vencer.

Cada vez que eu me levantava, percebia que precisava de um território cada vez maior para me defender de um possível revés. Foi assim que hoje conquistei o posto de maior empresário de autopeças usadas da América Latina. Não posso dizer que nunca mais eu possa cair. Mas que vai ser difícil, isso vai...

As histórias que este livro conta falam muito sobre batalhas, alta performance e sucesso. Falam também de aplausos e lágrimas, fracassos e glórias que a vida nos apresenta. São páginas que nos ensinam passo a passo não apenas como chegar ao sucesso, mas também como conquistar a beleza que está reservada para cada um de nós.

O resultado disso tudo só pode ser a felicidade. Essa deve ser a direção da nossa existência e do nosso trabalho. Por isso fiquei feliz em ser convidado pelo Renato Grinberg para escrever a apresentação deste livro. É porque o *Olho de Tigre* se orienta para a vitória e para as coisas positivas dos negócios e da vida.

Geraldo Rufino
Fundador da JR Diesel e autor do
best-seller *O catador de sonhos*

Sumário

Introdução 17

O que aprendi com meus erros 23

    Erre rápido! 25

    O gênio dos investimentos: nem tudo está sob seu controle! 25

    O gênio da inovação: o que "eles" querem não é necessariamente o que você acha que eles querem 28

    O gênio dos *turnarounds*: A realidade é menos romântica do que parece 30

    O gênio das *startups*: Estatísticas não mentem 34

    Falta de foco: uma lição de humildade 36

Passo 1: Mantenha-se faminto como um tigre 39

    1. Só a fome faz crescer 42

    2. Tenha a fome de um *gourmet* 44

    3. Tenha a fome humilde dos bilionários 45

    4. Tenha a fome saudável 47

    5. Tenha fome de território 49

    6. Tenha a fome de perfeição 50

Passo 2: Seja um atento observador 53

    Descubra seu verdadeiro propósito – a história de Danilo 56

    Um método para guiar sua viagem interior: peça feedback 60

    Conheça o "Eu Presente", o "Eu Futuro" e os artifícios de comprometimento 63

    Pergunte-se: como estou agregando valor? 67

Passo 3: Visualize as ameaças, planeje e ataque 71

    As ameaças escondidas no caminho do sucesso 74

    Um método para visualizar e planejar 76

    Aplique a análise "Estado Atual *versus* Estado Desejado" 78

    Planejar: Aplique a Engenharia Reversa visual 81

    Respeite as leis matemáticas 84

    Ao ataque! 88

Passo 4: Seja água, terra, fogo e ar: inove! 91

    Seja água 93

    Seja terra 95

    Seja fogo 95

    Seja ar 96

    Inove! 97

    Um método para aumentar sua flexibilidade e adaptabilidade, ou seja, sua capacidade de inovar 99

Passo 5 – Monitore seu posicionamento e mantenha o foco 113

    Mantendo o foco, mesmo em reviravoltas 117

Um método para rever seu posicionamento e manter-se
FOCADO.. 121

Passo 6: Comunique-se para alcançar suas vitórias...................131

O poder da comunicação... 134

Um método para expandir seu poder de comunicação.............. 135

Passo 7: Compartilhe seu sucesso..151

1. Não espere ser bem-sucedido para compartilhar 153

2. Não espere nada em troca ao compartilhar.............................. 154

3. Nunca é tarde para compartilhar 155

4. Você quer ser o mar da Galileia ou o Mar Morto? 156

Expandindo o território da vida 159

Bibliografia..167

Introdução

Quando escrevi *A estratégia do Olho de Tigre*, em 2011, meu objetivo era ensinar e inspirar as pessoas a desenvolverem atitudes que as levassem a dar aquele passo *decisivo* na carreira ou no negócio. Mostrei que o mundo corporativo é uma selva e, portanto, é melhor ser o predador do que ser a presa. O livro tornou-se um best-seller nacional e posteriormente foi lançado em outros países.

Agora é preciso mais — e este é o assunto deste livro. O *Olho de Tigre* tem de ser potencializado. Assim como qualquer grande felino que conquista um território, todo profissional ou empreendedor de sucesso tem de tratar de aumentar seu território, sob pena de perdê-lo para sempre. Em outras palavras, não basta conquistar. É preciso aumentar, conquistar mais — *expandir*.

O que é expandir o território no mundo empresarial e corporativo?

- é ampliar a participação no mercado;
- é aumentar o lucro da empresa;
- é turbinar as vendas;
- é agregar valor aos clientes;
- é provar que o seu departamento é o mais produtivo;

- é galgar postos cada vez mais altos na empresa ou no mercado;
- é ganhar *valor pessoal.*

Repare que todas essas qualidades podem ser conquistadas, mas são como músculos: se não continuarmos a usá-las perderão a força ou mesmo atrofiarão. Porém, ao contrário de um músculo com suas limitações físicas, o *Olho de Tigre* não possui tais limites e pode ser potencializado infinitamente. Para manter-se no topo e galgar degraus ainda mais altos é necessário periodicamente rever as atitudes e estratégias que o levaram até lá e ter consciência de que nem sempre o que o levou àquela posição o manterá ali ou o fará continuar a crescer.

Será que você ainda investe tempo e energia em se autoconhecer? Ou ainda busca maneiras inovadoras e mais eficientes de realizar seu trabalho? Continua resiliente? Ou ainda tem claro o seu propósito? Segundo o célebre escritor norte-americano Mark Twain, os dois dias mais importantes de sua vida são aquele em que você nasce e aquele em que você descobre *por que nasceu.*

Nos últimos anos tenho me deparado com profissionais ou empreendedores que, mesmo competentes, criativos, dedicados e inteligentes, não alcançam sucesso porque estão cegos para as "regras do jogo", ou seja, seguem em jornadas sem uma clara direção e sem saber o que realmente buscam ou o que querem alcançar. Adaptando a famosa resposta do gato para Alice, no clássico *Alice no país das maravilhas*: Para saber qual o caminho a seguir, você precisa antes decidir para onde quer ir.[1]

Repare que atingir objetivos e alcançar "sucesso" é apenas parte da equação. Quantas pessoas você conhece ou já acompanhou na

---

[1] "Onde fica a saída?", perguntou Alice ao gato, que ria. "Depende", respondeu o gato. "De quê?", replicou Alice. "Depende de para onde você quer ir..."

mídia que subiram muito, mas tiveram quedas ainda maiores? Não me refiro aqui às temporárias quedas e aos obstáculos que todos encontram em suas trajetórias, mas sim àquelas quedas que destroem tudo.

Dependendo de sua idade, você talvez nunca tenha ouvido falar em Olacyr de Moraes, mas nos anos 1980 não havia brasileiro que não tivesse ouvido falar dele. Proprietário de 50 mil hectares de plantação de grãos, Olacyr de Moraes era conhecido como o rei da soja, o mais jovem bilionário brasileiro a aparecer no ranking da *Forbes*. No entanto, Olacyr não manteve o seu *Olho de Tigre* e perdeu praticamente todo o patrimônio que havia acumulado, não por tê-lo compartilhado como um grande filantropo, mas por ter tomado uma série de decisões equivocadas que levaram suas quase 40 empresas à falência.

Mais recentemente, em 2014, o caso de Eike Batista ilustrou de maneira emblemática essa questão. Em 2011, quando escrevi meu primeiro livro, Eike parecia ser um exemplo de empresário que desenvolveu o *Olho de Tigre*. E era mesmo! Na época ele figurava na lista da *Forbes* como o oitavo homem mais rico do mundo. Como sabemos, porém, ele não só viu seu patrimônio ruir, mas, pior ainda, atualmente acumula dívidas bilionárias. Eike e Olacyr alcançaram muito êxito como empresários, porém não conseguiram se manter no topo. Não conseguiram manter o *Olho de Tigre*!

No espectro oposto, existem aqueles profissionais que estão sempre se renovando e ampliando o território. Jorge Paulo Lemann e Warren Buffett no mundo empresarial, Clint Eastwood, Jô Soares e Fernanda Montenegro no mundo artístico, e Mick Jagger e Paul McCartney no meio musical.

Paul McCartney, o músico mais rico do mundo e provavelmente um dos mais famosos de todos os tempos, foi barrado numa festa do Grammy (2016) porque o segurança era jovem demais e não o conhecia. A reação de Paul não foi um chilique. Ao contrário: ele teria virado para seu agente e dito: "Precisamos lançar outro hit urgente!". Isso é ampliar o território, isso é ter sempre vivo o *Olho de Tigre*.

Essas pessoas hoje se aproximam ou até já passaram dos 80 anos e têm se mantido no topo de suas atividades por 40, 50 anos ou mais. Qual será o segredo delas? A resposta é simples: elas potencializaram o *Olho de Tigre*. A resposta pode ser fácil, porém a execução do conceito... bem, essa é outra história.

Isso não acontece só com pessoas. A necessidade de crescer sempre sob pena de desaparecer é uma lei permanente do mercado e mesmo do mundo natural. Grandes mamíferos, que estão no topo da cadeia alimentar no mundo animal terrestre, conquistaram, ao longo da evolução, territórios muito maiores do que os animais que não estão no topo da cadeia alimentar. Basta comparar a área controlada por um tigre ou um bando de leões com a de uma pequenina família de roedores.

Outro exemplo, na vida marinha, são os tubarões que precisam se mover sem parar para respirar, o dia inteiro, a vida inteira, o que os faz percorrer quilômetros e quilômetros nos oceanos, conquistando imensidões aquáticas.

E as empresas? Empresas que se acomodam com o mercado que conquistaram morrem. Empresas de qualquer tamanho, da Microsoft à barraca de cachorro-quente. Você pode pensar no pequeno mercadinho que está lá há anos na esquina da sua casa sempre com o mesmo dono e nunca se expandiu, mas amplie o zoom do tempo e pense de novo: aquele casal de velhinhos um dia vai morrer. Deixará quatro filhos que, por sua vez, constituíram quatro famílias. O mercadinho será capaz de sustentar a prole toda? É por isso que donos de padaria frequentemente compram outras padarias: para acomodar os herdeiros e expandir os negócios.

Acredite: o simpático mercadinho um dia vai ser derrubado para a construção de um espigão. Se os herdeiros não tratarem de expandir o negócio, vão consumir o dinheiro amealhado pelos pais por anos em pouco tempo. Por mais poético que o lugar tenha sido ao longo de décadas, se não expandir, vai morrer junto com o casal de velhinhos.

Por outro lado, também tenho me deparado com pessoas que atingiram muitos objetivos relevantes, que alcançaram sucesso, mas que de repente se veem estagnadas porque perderam aquela "fome" de vencer. Neste novo livro me concentrarei nas estratégias-chave e em como executá-las para que você possa potencializar ainda mais o seu *Olho de Tigre* e alcançar objetivos cada vez mais altos. Aqui estão os passos que vão fazer com que você...

- mantenha-se faminto como um tigre;
- seja um atento observador;
- visualize as ameaças, planeje e ataque;
- seja água, terra, fogo e ar: inove;
- monitore seu posicionamento e mantenha o foco;
- comunique-se para alcançar suas vitórias;
- compartilhe seu sucesso.

Por isso, independentemente de você ser um grande ou pequeno empresário, um executivo iniciante ou experiente ou mesmo se você é dentista, médico, psicólogo, cabeleireiro ou qualquer tipo de profissional liberal, se você quer se manter no ápice do "jogo", precisa aprender a potencializar o *Olho de Tigre*. Este livro o ajudará com esse desafio.

Acompanhe-me nesta jornada.

Estas páginas foram escritas para você!

CAPÍTULO 1

O que aprendi com meus erros

"A única maneira de não cometer erros é fazendo nada. Este, no entanto, é certamente um dos maiores erros que se poderia cometer em toda uma existência."

Confúcio

Acertar é muito bom. Algumas vezes, porém, aprendemos mais com nossos erros do que com nossos acertos. Como usar nossos erros a nosso favor é o verdadeiro aprendizado.

Portanto, vamos começar este capítulo não com um erro, mas com um grande acerto:

Erre rápido!

Quanto mais rápido você erra, mais rápido você está pronto para acertar. Se você demora 100 ligações para chegar a um cliente, então faça 99 ligações bem rápido para chegar logo à centésima. Errar rápido é uma sabedoria que chegou a se tornar popular: "Errar é humano; insistir no erro é burrice".

Nos casos a seguir, que descrevem erros que cometi ao longo de minha trajetória e dos quais me livrei o mais rápido possível, você lerá casos curiosos e até dramáticos que acontecem com todos aqueles que se aventuram na selva corporativa com o *Olho de Tigre*.

O gênio dos investimentos: nem tudo está sob seu controle!

Quando voltei dos Estados Unidos em 2007, a Bolsa de Valores no Brasil estava no auge. Não era difícil conseguir ganhos de 50% a 60% ao ano em fundos de ações e isso já estava ocorrendo há algum tempo. Munido do meu prestigiado diploma de MBA e de minha experiência corporativa no exterior, sentia-me altamente qualificado para investir na Bolsa de Valores. Além de colocar meu próprio dinheiro na empreitada, convenci meu irmão e minha mãe a fazerem o mesmo. Um detalhe que vale a pena comentar aqui é que tanto meu irmão quanto minha mãe são extremamente avessos a qualquer tipo de risco financeiro, portanto eu realmente os *convenci* de que não poderíamos deixar passar essa "oportunidade".

Nos primeiros meses o retorno financeiro realmente foi incrível e eu comecei a me sentir o próprio Gordon Gekko (célebre personagem interpretado por Michael Douglas no clássico filme *Wallstreet: O poder da cobiça*, no qual Gekko era reverenciado por todos do mercado financeiro como um gênio dos investimentos). Para mim, a única diferença é que eu não era mau-caráter como o personagem do filme. No entanto, a ilusão durou pouco. Havia muitas outras diferenças entre mim e Gekko. Uma delas era que ele sabia o que fazia e eu não. A quebra da instituição financeira norte-americana Countrywide em 2007 anunciou o começo da crise mundial financeira que se tornou um furacão avassalador em 2008 e culminou com a quebra de inúmeras outras instituições ao redor do mundo — entre elas, a mais emblemática: a centenária Lehman Brothers.

Uma lenda que se conta, muito mais antiga, envolve o patriarca dos Kennedy, Joseph, pai do presidente John e de seus irmãos Robert e Edward. Dizem que em 1929 o magnata, que tinha muitas ações na Bolsa, estava engraxando os sapatos em Wall Street quando o engraxate lhe disse:

– Pois é, doutor, saiba que esse negócio de Bolsa está dando um dinheirão! Estou pensando em pegar minhas economias que estão guardadas no açucareiro de casa e comprar umas ações...

Vendo que pessoas sem experiência no mercado financeiro já estavam comprando ações e dando conselhos, ele concluiu que precisava vender suas posições na Bolsa rapidamente e comprar outros ativos... e algumas semanas depois a Bolsa e o mundo derreteram! Ocorreu a famosa crise de 1929.

Claro que isso é uma lenda... ou será que não é? De qualquer maneira, o fato é que Joseph P. Kennedy era um grande investidor e sua saída da Bolsa foi cercada de rumores e grandes desconfianças na época, uma vez que ele saiu ileso e muito mais rico da crise de 1929 enquanto muitos investidores literalmente se atiraram pela janela. Kennedy chegou até a ser acusado de receber informações privilegiadas da elite da comunidade irlandesa católica, por exemplo.

Voltando ao meu rico (então mais pobre) dinheirinho, nem preciso dizer que em poucos meses vi nossos investimentos despencarem. Foram semanas e meses de muita tensão e que me mostraram que o sonho de conseguir altos rendimentos no mercado financeiro pode rapidamente se transformar em um pesadelo de perdas significativas.

A principal lição que tirei dessa experiência é que muitas coisas não estão sob nosso controle e que a única maneira de nos protegermos desses eventos inesperados é fazer as coisas com muita calma e tranquilidade, pois assim podemos aprender com pequenos erros. Por exemplo, se, em vez de eu ter aplicado todo o dinheiro de uma vez nos fundos de alto risco, tivesse investido na bolsa gradualmente e aprendido com meus pequenos erros, provavelmente não teria sido forçado a aprender de maneira tão brusca com um grande erro.

Enquanto alguns "tubarões dos investimentos" com certeza ganharam muito dinheiro com a crise, eu e as outras "sardinhas da Bolsa" perdemos.

A GRANDE LIÇÃO:
Se você não consegue ser o predador, trate de jamais ser a caça!

O gênio da inovação: o que "eles" querem não é necessariamente o que você acha que eles querem

Como minha primeira filha, a Isabela, havia nascido nos Estados Unidos, eu e minha esposa, a Daniela, assistimos a ela falar inglês de maneira muito natural: simplesmente brincando. Levando em consideração que no Brasil é comum matricular os filhos em escolas de idiomas e que essas crianças passam anos estudando sem obter resultados animadores, eu e minha esposa pensamos que poderíamos revolucionar esse mercado com uma maneira totalmente inovadora de ensinar o idioma para crianças. Surgia a primeira "brinquedoteca bilíngue" do Brasil, a Kinderplay.

O conceito era simples: as crianças brincavam em diversos ambientes, por exemplo, em salas de artes, de jogos, de teatro e até em um minissupermercado, mas com tudo em inglês. Não havia carteiras escolares, lousas nem nada do gênero. Também não havia professores, mas "playpartners" ou "tias" e "tios" com muita habilidade para brincar com as crianças e, obviamente, fluentes no idioma inglês. Alguns deles inclusive eram norte-americanos. Em meus sonhos, eu já conseguia imaginar as franquias do Kinderplay se espalhando pelo Brasil afora.

Enfim, chegou o esperado dia da inauguração. Casa lotada de amigos e pais curiosos com o novo conceito. Começamos a trabalhar. Para o começo de um novo negócio até que tínhamos uma quantidade razoável de crianças. Aí vieram as perguntas: "Nas aulas, as crianças só brincam?", "Mas quando entra a gramática?", "Não tem uma estrutura mais formal?". E nossas respostas eram sempre as mesmas: "A ideia é justamente não ter nada disso. Quantas crianças vocês conhecem que passam anos em escolas de inglês, mas quando precisam falar não sai nada? Isso é porque elas não desenvolvem uma relação natural com o idioma como nossa filha desenvolveu quando morávamos fora. As crianças precisam primeiro gostar do idioma para depois aprender".

A Dani trabalhava de sol a sol na Kinderplay. Fazia o relacionamento com os pais, participava das brincadeiras com as crianças, que aliás a adoravam, mas pouco a pouco foi ficando claro que os pais queriam algo mais formal. A ausência de carteiras, lousas e professoras era simplesmente "muito inovador" para eles. Após um ano de funcionamento, período em que mal conseguíamos equilibrar as contas, decidimos que o Kinderplay não era o que "eles" queriam e sim o que nós, eu e a Dani, queríamos.

Você pode pensar que talvez pudéssemos insistir mais tempo ou tentar adaptar o negócio para acomodar o que os clientes estavam buscando ou ainda investir mais em marketing ou algo assim. Enfim, claro que todas essas possibilidades poderiam ser válidas, mas para nós ficou nítido que mudar hábitos tão arraigados nas pessoas e principalmente a mentalidade delas iria demorar muito tempo e/ou necessitar de investimentos muito altos sem garantia de que funcionaria. Ou seja, o risco era muito alto para a nossa realidade.

Talvez você argumente que Steve Jobs não perguntou se as pessoas queriam um iPod para carregar mil músicas no bolso. E que o gênio da inovação da Apple costumava dizer que inventava coisas que as pessoas "nem sabiam que queriam". Convenhamos, porém, quantos Jobs cabem no mundo ao mesmo tempo? Você é um deles?

Tive a oportunidade de assistir a uma palestra de Magic Johnson, um dos ídolos do basquete norte-americano, na qual ele contava o que tinha aprendido de suas experiências como empresário após ter se aposentado de sua carreira de atleta com dezenas de milhões de dólares na conta bancária. O primeiro negócio que ele teve foi uma loja de roupas esportivas na qual *ele* escolhia a dedo as peças de que *ele* gostava para oferecer aos clientes.

O resultado? A loja faliu em menos de um ano porque as roupas de que *ele* gostava não eram as roupas que *eles*, os consumidores, queriam. O curioso é que assisti a essa palestra quando ainda vivia nos Estados Unidos, antes de criar o Kinderplay. Contudo, às vezes é necessário passarmos pela experiência para aprendermos a lição. Existe até uma metodologia de ensino que utilizo muito em meus workshops para executivos e que se chama *"discovery-based-learning"* ou algo como "aprendizagem por descobrimento". Foi o que eu literalmente tive com a experiência do Kinderplay.

> **A GRANDE LIÇÃO:**
> Busque entender o que os consumidores querem, não o que você quer.

O gênio dos *turnarounds*: A realidade é menos romântica do que parece

Já de volta ao Brasil havia alguns anos, busquei realizar um antigo desejo de trabalhar com empresas que estivessem passando por dificuldades financeiras para tentar ajudá-las a se recuperar. Isso é conhecido no mercado como *turnaround*, algo como "dar a volta por cima".

Por acaso conheci um executivo que havia acabado de deixar o mundo corporativo justamente para criar uma consultoria dessa natureza. Vou chamá-lo aqui de Peter. Alguns meses após tê-lo conhecido, Peter me procurou dizendo que ele e o sócio haviam decidido seguir caminhos separados e ele estava buscando outro sócio.

Pareceu-me uma ótima oportunidade! Acordamos as condições e num piscar de olhos eu já fazia parte da operação. A primeira empresa que fomos visitar atuava na indústria de alimentação, fornecendo pratos congelados principalmente para hospitais e hotéis. A companhia havia entrado em dificuldades financeiras após a morte do fundador que deixara a empresa aos cuidados de seus dois filhos e de sua esposa. Nenhum dos três possuía formação nem experiência como gestores de empresas, mas mesmo assim decidiram que eles mesmos iriam administrar a empresa (isso é mais comum do que você pode imaginar). A viúva se responsabilizou pelas finanças, ou seja, assumiu a posição de diretora financeira da operação. Um dos filhos, a direção comercial, e o outro... bem, o outro eu até hoje não sei ao certo o que ele fazia, mas se apresentava como diretor de operações da empresa.

A empresa acumulava dívidas e mais dívidas e, apesar de ainda ter um faturamento razoável, alguns clientes já ameaçavam não renovar os contratos existentes pois não estavam satisfeitos com a qualidade do atendimento. Fornecedores ameaçavam entrar na justiça para receber o que eles deviam e outros ainda ameaçavam retomar fornos e outras máquinas que eram alugadas.

Um verdadeiro caos! Eu e Peter conversamos com eles e apresentamos nosso plano para recuperar a empresa, o qual envolvia o afastamento deles do dia a dia da operação. Obviamente, essa conversa não foi muito agradável, mas no final chegamos a um meio termo dessa sugestão. Eles continuariam no dia a dia, mas com a supervisão de profissionais experientes. Quando comecei a analisar os números em mais detalhes passei a perceber que por maiores que fossem os esforços em relação à contenção de custos, os problemas financeiros eram tão graves que não mudaria muito a situação. Conversei com Peter a respeito disso e ele me disse:

— Fique tranquilo. Já tenho claro o que vamos fazer. É o seguinte: Vamos demitir os 120 funcionários da fábrica e terceirizar essa parte da operação. Não pagaremos as rescisões contratuais e ganharemos tempo até eles entrarem na justiça, quando proporemos acordos. Em relação aos fornecedores, pagaremos apenas os que necessitamos no curto prazo para manter a operação funcionando. Conseguiremos pagar esses fornecedores com a economia que faremos deixando de pagar os salários.

Quando pensei em perguntar o que faríamos em relação aos outros fornecedores, ele já se antecipou dizendo:

— Os outros fornecedores que esperem ou que entrem na justiça... depois lidamos com eles. Ah, antes que eu me esqueça, algo importante para nós será contratarmos seguranças particulares, vou incluir esse custo no orçamento.

— Seguranças particulares??!! Você está brincando, né? — eu perguntei, torcendo para que ele desse uma risada... mas ele simplesmente disse:

— Você não vai querer estar sozinho se por acaso um desses funcionários que serão demitidos da fábrica aparecer na sua frente, vai?

Paralelo à questão da empresa de alimentos eu estava negociando um contrato com outra companhia que também passava por dificuldades financeiras. Essa era uma empresa de tecnologia cujo fundador era um excelente engenheiro, mas um péssimo administrador.

Meu primeiro encontro com ele foi de partir o coração. Aquele empresário me contou como a empresa perdera o rumo ao se desligar de um grande contrato e como se afundaram em dívidas com bancos. Todo o seu patrimônio pessoal estava em risco e ele só conseguia dormir tomando remédios de tarja preta. Chorou por algumas vezes e me disse que só queria vender a empresa para nunca mais ter que ir àquele lugar. Ufa...

No caminho de volta eu só pensava em como poderia ajudar aquela pessoa. Cheguei ao escritório e contei para o Peter sobre nossa conversa. Ele me disse que o que faríamos era recomendar que cancelasse todos os pagamentos para os bancos e imediatamente contratar um advogado que indicaríamos para ajudá-lo a "blindar" seu patrimônio. No entanto, o mais importante era que nossos honorários de consultoria deveriam ser pagos antes.

No dia seguinte em uma conversa telefônica entre nós três, o empresário, mesmo com todos os problemas, claramente demonstrava não se sentir confortável em deixar de honrar as dívidas com o banco, não só por medo das consequências, mas também porque para ele aquilo não era certo. Meu sócio foi categórico:

– Ou você faz isso, ou perderá tudo. A decisão é sua.

Tudo o que descrevo aqui aconteceu no período de duas semanas em que eu havia começado a atuar nessa área. Eu pensava constantemente nas conversas com Peter... "Demitir os funcionários da fábrica sem lhes pagar o que lhes era cabível pela lei", "Contratar seguranças particulares", "Não pagar fornecedores", "Recomendar não pagar bancos e buscar blindar o patrimônio do empresário, seja lá o que isso significasse" etc. Tudo isso estava me tirando o sono e, se continuasse assim, em pouco tempo quem precisaria tomar remédios para dormir seria eu.

Comecei a questionar Peter se realmente esse era o único caminho para ajudar essas empresas e ele sempre me respondia que, se eu achava que fazer *turnarounds* era algo diferente disso, era porque não tinha visto nada, pois pegaríamos casos muito mais complexos e teríamos que ter "estômago" para sermos bem-sucedidos nesse ramo. Claramente, essa não era a minha ideia de *turnarounds* e, pelo que conversei com outros profissionais da área, parecia que infelizmente, em linhas gerais, Peter tinha razão.

Resultado? Em uma conversa mais acalorada com Peter, ficou claro que ou mudaríamos a maneira de atuar, ou não conseguiríamos prosseguir como sócios. Antes que eu pudesse articular minhas ideias de como "mudar a ideia de atuar", Peter de maneira fria e objetiva me "demitiu" da sociedade.

Houve diversas lições aprendidas dessa experiência. Normalmente encontramos em livros, na internet ou nos noticiários, as histórias de empresários de sucesso. Um que começou como *office boy* e em alguns anos comprou a empresa onde começou a trabalhar, outro que criou um aplicativo e vendeu para o Google ou Facebook por centenas de milhões de dólares ou ainda aquele que transformou a pequena empresa do pai em um império.

Todas essas e outras histórias são ricas em aprendizados além de serem interessantes e inspiradoras, porém estatisticamente são muito, mas muito menos comuns do que as histórias de fracasso. As empresas que conheci nesse breve período foram um dia exitosas, mas agora agonizavam por um motivo ou outro. Algo valioso que aprendi de um ponto de vista mais filosófico é que só existe sucesso porque também existe fracasso, como só existe alegria porque existe tristeza.

No entanto, a lição mais objetiva que aprendi dessa experiência é que, antes de se associar com alguém, é fundamental entender se a pessoa tem os mesmos valores que você. Isso não quer dizer que Peter era "mau" e eu era "bom" ou qualquer coisa desse gênero. Aliás, Peter era extremamente competente naquilo que fazia. Simplesmente o meu conjunto de crenças e valores era totalmente diferente do dele e por isso seria impossível construirmos uma sociedade de sucesso.

> **A GRANDE LIÇÃO:**
> Seja coerente com suas crenças e seus valores.

O gênio das *startups*: Estatísticas não mentem...

Quem nunca sonhou em criar ou descobrir o próximo Google ou Facebook? Eu já! Afinal, o próprio Google e o Facebook já foram *startups* — essas empresas "bebês" à procura de um investidor que as transformarão em gigantes.

Como fui exposto a esse mundo das *startups* de tecnologia durante os anos em que fui diretor geral da Trabalhando.com (*startup* do Grupo Santander que atuava no mercado de recrutamento on-line), tive a oportunidade de conhecer vários empreendedores. Um deles me apresentou uma empresa na área de recursos humanos que parecia muito promissora. Encantado com aquela ideia de descobrir o próximo Facebook e de me tornar multimilionário, decidi investir na empresa. Mesmo conhecendo bem uma estatística universal que demonstra que 90% de todas as *startups* fracassam, acreditei que minha intuição e visão de negócios tinham achado uma empresa dentro dos 10% daquelas que seriam bem-sucedidas.

Os investidores mais experientes aconselharam para que, em vez de colocar todos os recursos que estava disposto a investir naquela *startup*, encontrasse outras empresas que me interessassem e dividisse os recursos entre elas. Eu agradecia as recomendações, mas, certo de que havia encontrado a "grande vencedora", concentrei minha energia e meus recursos nela.

A empresa era uma espécie de certificadora de currículos, como se fosse um ISO 9000 para currículos. Estatísticas mostram que 90% dos currículos são mentirosos, desde mentiras simples, de fluência numa língua, até mais sérias, como formação numa área.

A pessoa colocava o currículo num site, a gente faria as verificações e dava o carimbo. Todo mundo achava a ideia fantástica, mas... na hora de pagar pelo serviço, tanto empresas como indivíduos não estavam tão seguros em desembolsar os valores. Ou seja, quando ninguém quer pagar no começo, é preciso muito investimento para manter a roda girando sem a entrada de receitas.

O fato é que a ideia era boa, de certa forma existia a necessidade, mas talvez o *timing* e as condições não fossem as corretas. Seria preciso muito mais fôlego financeiro. A gente poderia ter insistido anos nisso, mas preferimos usar a lição número um: erre rápido!

Foi dessa maneira que agi em relação à minha carreira de músico. Estava indo razoavelmente bem, gravando CDs, sendo reconhecido por medalhões da música brasileira como um violonista de expressão, mas ficou claro que minhas ambições financeiras e o tipo de vida que eu gostaria de ter não seriam alcançados com aquele caminho. Não acreditei no chavão de "nunca desista de seus sonhos", então, acordei rápido e simplesmente substituí um sonho por outro, mais concreto e promissor.

Resumindo a história, mais uma *startup* para engordar as estatísticas de fracasso. Qual foi o meu erro?

Mais uma vez analisei a situação pelo meu ângulo ou de pessoas próximas a mim. Sim, a ideia do serviço parecia muito boa, mas isso não quer dizer que as pessoas estivessem dispostas a pagar por ele.

> **A GRANDE LIÇÃO:**
> Investigue profundamente se as pessoas estão dispostas a pagar pela sua "grande ideia" antes de investir tantos recursos nela.

Falta de foco: uma lição de humildade

Os erros que descrevi são na verdade sintomas do maior erro de todos: a falta de foco. Quando se obtém sucesso em algo, é natural acreditar que é possível replicar esse sucesso em outras áreas. Existem diversos exemplos que colaboram com essa teoria, porém esses exemplos são a exceção e não a regra. Eu aprendi essa lição na prática. Após ter feito aquela desafiadora mudança de carreira, de músico para executivo, e ter conquistado tantos objetivos que pareciam quase impossíveis, eu me sentia literalmente invencível.

Por isso, aplicar na bolsa de valores, criar novos negócios, trabalhar com consultoria de *turnaround* e investir em *startups* me pareciam tarefas simples de realizar. Eu poderia até ter feito vários projetos, porém teria de ter tido foco total no momento de realizar cada um deles dedicando o tempo necessário para aprender muito mais a respeito de cada área nova em que estava me aventurando. No entanto, não foi isso o que ocorreu. Ao contrário do que eu fiz para ser bem-sucedido em minha mudança de carreira, o que envolveu muita preparação, planejamento e foco, para esses novos projetos investi pouco tempo para me preparar e planejar. Em outras palavras, deixei meus sucessos do passado me cegarem para a realidade, e o resultado foi inevitável.

É duro admitir, mas me faltou humildade para encarar esses novos desafios, e essa foi a principal razão desses meus fracassos. A boa notícia é que eu aprendi lições valiosas com essas experiências e, se você está lendo estas páginas, também poderá aprender. A sua vantagem é que, se aprender e realmente interiorizar o que estou dizendo aqui, não terá o mesmo dispêndio financeiro e de energia que eu tive. Depois que tudo passou posso olhar para trás e até me divertir com essas histórias, porém naqueles momentos não foi nada agradável!

No entanto, calma lá. Como mencionei antes, fracasso e sucesso são como a noite e o dia: um não existe sem o outro. Usando um exemplo muito mais poderoso do que o meu, Michael Jordan, indiscutivelmente um dos atletas mais bem-sucedidos de todos os tempos, disse em certa ocasião: "Errei mais de 9 mil cestas e perdi quase 300 jogos. Em 26 finais de partidas fui encarregado de jogar a bola que venceria o jogo... e falhei. Eu tenho uma história repleta de falhas e fracassos em minha vida. E é exatamente por isso que sou um sucesso".

A seguir mostrarei como você pode aproveitar suas experiências de sucesso e de fracasso para expandir seu território e manter o *Olho de Tigre* sempre brilhando.

CAPÍTULO 2

Passo I: Mantenha-se faminto como um tigre

"O animal satisfeito dorme."
Frase atribuída a Guimarães Rosa

Você já deve ter visto na televisão aqueles documentários nos quais aparecem grandes felinos como tigres e leões lambendo os lábios quando vêm uma presa passar ao longe. No entanto, eles nem saem do lugar por um motivo simples: já estão saciados.

Ora, mas se estão saciados por que salivam e demonstram interesse ao ver a futura caça? É porque estão saciados *naquele momento*, ou seja, estão sem fome, mas nunca perdem o *apetite*. Sabem, instintivamente, que em algum momento, no futuro, a fome voltará e precisarão perseguir aquelas presas onde quer que elas estejam. Se não mantiverem o apetite, eles as perderão de vista. Se tiverem apetite na hora errada, desperdiçarão energia.

Fome e apetite são dois conceitos que se complementam. Fome é necessidade. Apetite é desejo. O apetite deve ser permanente, mas a fome é que faz a força do ataque.

Muito bem, no mundo corporativo acontece algo muito semelhante.

Imagine um executivo que acaba de realizar um projeto bem-sucedido. Vamos supor que ele ganhou uma difícil concorrência e venceu um oponente. Sua apresentação foi convincente, seus números foram irretocáveis e seus argumentos foram sensacionais. Usou o *Olho de Tigre*. E depois? Poderia simplesmente relaxar, afinal venceu a concorrência.

Não! Este é o momento de ir além, fazer mais do que o combinado. É o momento de expandir o território. A razão é simples: ao fazer mais do que o combinado, a notícia vai se espalhar no mercado e o território da competência demonstrada vai se expandir.

A "Lei de Gérson", aquela que prega que o melhor é sempre levar uma pequena ou grande vantagem em tudo, é uma infeliz "invenção" brasileira que, espero, logo desapareça de nossa sociedade. Menos do que uma invenção, é uma ilusão.

Então, se, depois de ganhar a concorrência, nosso executivo resolve fazer um serviço aquém do prometido para, por exemplo, aumentar sua margem, pode até ter ganhos imediatos, mas um dia sua imagem será corroída. Um dia perderá uma concorrência e nem saberá por quê.

No mundo dos negócios, existe uma lei que vale tanto para empresas quanto para profissionais: quem não cresce desaparece.

O melhor jeito de crescer e de expandir o território não é com "truques" e muito menos tentando levar vantagem em tudo. É atingindo a excelência do *Olho de Tigre*, como veremos neste capítulo.

I. Só a fome faz crescer

Steve Jobs deu um conselho inusitado ao finalizar uma palestra aos alunos de Stanford: *"Stay hungry, stay foolish"*. Numa tradução livre, seria algo como: "Mantenha-se faminto e não se leve tão a sério".

Por incrível que pareça, uma pessoa que serve de exemplo de não se levar tão a sério e ser meio louco foi ninguém menos do que o bilionário fundador da gigante Walmart, Sam Walton.

Sempre focada em expandir seu território e crescer, a gigantesca rede mundial de varejo queria se estabelecer no Brasil nos anos 1980, algo que acabou acontecendo em 1995. Pois bem, cerca de dez anos antes, o próprio Walton veio para cá estudar o país e o mercado. Entre esses estudos, foi tão detalhista a ponto de percorrer os concorrentes, incógnito como um cliente.

Contudo, havia um detalhe: ele queria saber exatamente a medida entre as prateleiras. Então se agachou com seus cabelos brancos e começou a engatinhar entre as gôndolas! Como só falava inglês, ao deparar com os seguranças da loja, não conseguiu explicar o que estava fazendo. O resultado? Foi preso pelos funcionários e só depois de algumas horas foi resgatado por seus amigos.

Essa história, que ocorreu muito antes da palestra de Jobs para os alunos de Stanford, corrobora o poderoso conselho: "Mantenha-se faminto e não se leve tão a sério".

Walmart já era talvez a maior rede de varejo do mundo. Poderia se acomodar nessa posição, saciada. No entanto, viu o Brasil, um gigante que estava entre as dez maiores economias do mundo e que acabara de sair de uma ditadura militar, e, digamos assim, "lambeu os lábios". Podemos dizer que o Brasil "abriu o apetite" de Sam Walton e da Walmart.

O Brasil era um território que Sam Walton ainda não tinha. Agora tem.

Calma. Não estou aqui recomendando que você, leitor, saia engatinhando por aí ou fazendo esquisitices sempre que tiver uma boa ideia... a não ser que seja dono da maior rede de varejo do mundo!

A lição que Steve Jobs e Sam Walton nos dão é que devemos manter a mente aberta e não ter medo de arriscar e, por exemplo, não ter medo de expressar opiniões numa reunião, mesmo que possamos correr o risco de "fazer papel de bobos". Claro, contanto que tenha um ponto de vista analisado previamente e que tenha convicção do que vai falar, pois sabemos também que simplesmente falar o que vem à mente o fará se passar por bobo!

> No mundo dos negócios, existe uma lei que vale tanto para empresas quanto para profissionais: quem não cresce desaparece.

É preciso equilibrar trabalho duro e criatividade, e aqui vale a máxima: "O sucesso vem de 90% de transpiração e 10% de inspiração" (ou 99% e 1%; enfim, você entendeu a ideia!).

A criatividade é como o apetite, ela o faz imaginar e sonhar o tempo todo. Quem o faz atacar, no entanto, conquistar território e vencer as batalhas é a fome, que nunca deve estar totalmente satisfeita.

2. Tenha a fome de um *gourmet*

Em gastronomia, existe diferença entre o *gourmet* e o *gourmand*. O *gourmet* é o degustador, que saboreia os pratos como quem conquista um amor, lê um livro ou assiste a um filme, e que quer aprender para comparar com o próximo. O *gourmand* devora a comida como um glutão e quer dormir após a refeição. Ambos têm apetite e fome, mas é muito diferente o que fazem com essas forças.

Alguns empresários entram e saem da lista de milionários e até bilionários como um raio. Eles possuem uma fome patológica que lhes fazem focar querer ser o número 1 da lista em vez de focarem seus negócios.

Enquanto isso, aqueles empresários que potencializam o *Olho de Tigre* seguem sempre progredindo. Esse é o caso de Jorge Paulo Lemann que há décadas entrou para a lista de bilionários da Forbes e vem subindo de maneira lenta e constante. Provavelmente não está preocupado com a lista, pois essa é uma consequência e não o objetivo de seus negócios. Seus negócios são diversificados, sólidos, internacionais. Comprou marcas conhecidas no mundo inteiro, uma delas por 52 bilhões de dólares. Ele e seus principais sócios — Marcel Telles e Beto Sicupira — são os principais acionistas da maior cervejaria do mundo, a AB InBev, com 40% do mercado global.

Portanto, é importante não deixar a fome ser patológica em sua vida profissional. Lembre-se sempre de que o *Olho de Tigre* sabe o momento de parar para observar, pensar e planejar o futuro.

Você já deve ter conhecido gente tão ambiciosa no trabalho, que, mesmo quando não há oportunidade de promoção, tenta criar uma da pior forma possível: tentando "puxar o tapete" de alguém em um nível hierárquico superior ao seu. Ou seja, tenta diminuir os outros para poder subir.

E qual a forma mais rápida de "puxar o tapete" de alguém? A fofoca, que consiste em se aproximar perigosamente do chefe de seu chefe e relatar fatos sobre seu próprio chefe, alguns verdadeiros, outros nem tanto, sempre na base do "eu ouvi falar".

Essa estratégia não é só perigosa: é estúpida. Ponha-se no lugar do chefe de seu chefe. Supondo que ele demita o tal chefe, por que ele preencheria essa vaga com um fofoqueiro? Afinal, ele seria a próxima vítima!

3. Tenha a fome humilde dos bilionários

Por incrível que pareça, o melhor remédio para a fome patológica é a humildade de alguns bilionários. Jorge Paulo Lemann nasceu muito rico, mas teve fome para construir seus próprios negócios. Fez isso com as próprias ideias, mãos e pés. Não continuou o negócio da família, embora obviamente tenha tido oportunidades tanto de estudar em excelentes instituições (ele estudou em Harvard) quanto de ter condições financeiras para investir em seu primeiro negócio. Porém, quantas pessoas nascem em "berço de ouro" e não fazem nada da própria vida? Muitas! Além disso, Marcel Telles começou a trabalhar na corretora de Lemann como uma espécie de *office boy* e hoje é um dos sócios bilionários de Lemann.

Voltando à questão da fome patológica, Lemann contou em uma palestra uma história de quando era jovem. Ele falou sobre um investidor que foi seu cliente, o Mendoncinha, e que ficou famoso por ter tido muito sucesso comprando e vendendo ações na Bolsa de Valores. Ganhou muito dinheiro, mas com a fome patológica quebrou e perdeu tudo. Contou que até hoje, quando faz negócios grandes, como comprar a *Anheuser-Busch* por 52 bilhões de dólares, sempre se lembra do Mendoncinha e reflete se não está agindo como ele. É um receio que sempre está em sua mente e que é mais uma prova da "fome humilde de um bilionário". Após essa reflexão cautelosa, normalmente conclui que não, que ele tem os pés no chão, pois suas aquisições, por maiores que sejam, são sempre baseadas em análises extensivas e não em fome patológica. Enquanto escrevo este livro, verifico que, segundo a Forbes, sua fortuna pessoal é de "apenas" 27,8 bilhões de dólares.

Quero dizer aqui que é perfeitamente normal você ser muito agressivo e ambicioso e mesmo assim manter a humildade. Parece contraditório, mas não é. A agressividade é muito boa para defender um território conquistado, mas para ampliá-lo a humildade é tão ou até mais importante!

Quando falo em humildade, não quero falar em atitude medrosa ou subserviente, muito pelo contrário! A humildade é uma arma poderosa que pode desmontar inimigos e pegá-los de surpresa. Os grandes felinos são humildes quando se aproximam em silêncio de suas presas, antes do ataque. Porém, jamais são medrosos diante de um invasor de seu território.

Qual é o oposto da humildade? A arrogância.

Em muitas entrevistas de emprego ou avaliações de profissionais para promoções, o arrogante é o que tem menos chances, ao contrário do que ele mesmo pensa. Em geral, após a entrevista, sai dizendo: "Eu não queria essa vaga mesmo, a empresa não é boa para mim". Comporta-se como na fábula *A Raposa e as Uvas*, de Esopo: "Afinal, as uvas estavam verdes!". Nessa fábula, uma raposa tenta alcançar as uvas de uma parreira com seus pulos e depois de inúmeras tentativas frustradas passa a desprezá-las.

Um aspecto da arrogância é a vaidade — conhecida como o pecado predileto do "demônio"... A vaidade é uma droga tão enganadora que faz o vaidoso crer que os outros também o admiram. Em geral, a vaidade só causa admiração do próprio vaidoso. Nos outros, causa ou desconfiança ou desprezo.

Na vida profissional, o vaidoso incomoda todo mundo se vangloriando de suas "realizações", em momentos completamente impróprios. Saber se "vender" é fundamental no mundo empresarial, porém existe uma linha tênue entre saber se vender e se tornar um chato arrogante. Os humildes entendem essa diferença porque sabem quando é a hora de falar e principalmente quando é a hora de escutar.

Os bilionários são bilionários porque souberam escutar os desejos dos consumidores, mesmo quando esses desejos ainda não eram manifestados de maneira explícita, porque eram desejos inconscientes. Henry Ford e Steve Jobs souberam "escutar" esses desejos inconscientes, que podem ser chamados de *insights* em relação aos consumidores (explorarei em maior profundidade o conceito de *insights* no Capítulo 5). Profissionais bem-sucedidos sabem escutar — e responder — as metas da organização. Por isso, seu território vai se tornando cada vez maior.

4. Tenha a fome saudável

Como eu disse aqui, existe a fome saudável e uma espécie de "Bulimia do Sucesso". Bulimia, como sabemos, é aquela doença na qual a pessoa logo após comer uma refeição se arrepende e, para se manter magro, provoca vômitos para se livrar da comida que acabou de ingerir.

Por que alguém sabotaria o próprio sucesso?

Um desses motivos é o que um grande amigo meu chamou, citando Nelson Rodrigues, de Complexo de Vira-lata. O genial escritor cunhou essa expressão antes de o Brasil ganhar a primeira Copa do Mundo. Ele dizia que o brasileiro tinha mania de achar que todos os outros países sempre seriam melhores do que nós, no futebol ou em qualquer outro campo.

Pois bem, esse amigo teve uma infância pobre e sempre estudou em escola pública. Seu primeiro emprego foi de *office boy*. Com muito esforço, aprendeu inglês, foi fazendo cursos e subindo na carreira. Hoje é diretor de uma grande empresa multinacional e reconhecido como um dos profissionais mais respeitados de sua área!

> Saber se "vender" é fundamental no mundo empresarial, porém existe uma linha tênue entre saber se vender e se tornar um chato arrogante.

Recentemente, ele me procurou para dizer que a empresa para a qual trabalha queria lhe pagar um curso em Harvard e sugeriu que escolhesse numa lista. Veio até mim pedir conselho.

— Renato, cheguei a duas opções: um de "Altos Potenciais" e outro para "Altos Executivos". Vou escolher o primeiro, o que você acha?

Respondi na hora:

— De jeito nenhum, escolha o para "Altos Executivos". Você já tem experiência, já está preparado, tem de sinalizar que quer assumir grandes desafios.

— Não sei, Renato... será? Eu sei que eu conquistei muita coisa, mas acho que deve ter gente melhor do que eu. Na verdade, acho que eu tenho aquele Complexo de Vira-lata.

– Ora, então deixe de ter!

Ter os pés no chão e ser humilde como esse meu amigo é muito bom, mas manter os pés grudados no solo não é nada saudável. É necessário buscar equilíbrio entre a Fome Patológica e a Bulimia do Sucesso. Ou seja, há que se buscar a Fome Saudável.

Depois que analisamos juntos as opções de cursos, na verdade o de "Altos Potenciais" era praticamente um pré-requisito para poder fazer o curso de "Altos Executivos", então nesse caso não havia problema nenhum em fazer aquele curso primeiro. O problema era meu amigo partir do pressuposto de que ele não era qualificado o suficiente para fazer o outro.

Sei como é difícil encontrar esse equilíbrio entre a ousadia e a prudência. Na verdade, qualquer equilíbrio é uma arte bem difícil de administrar.

Por exemplo: como equilibrar trabalho e vida pessoal e familiar? Às vezes você precisa ficar enfiado no escritório por duas semanas, não tem jeito. Sua família terá de entender. E depois você terá de tirar férias, sua equipe ou seus colegas vão "segurar as pontas".

Tenho um amigo que era vice-presidente de uma editora de revistas e ficou cinco anos sem praticamente tirar um único dia de férias. Quando estava à beira de um colapso, foi obrigado a ir para uma praia deserta, sem internet, sem nada. Na primeira semana, tinha pesadelos achando que as revistas não iriam para as bancas e tudo iria ruir por causa de sua ausência. Quando voltou, verificou o "milagre": tudo aconteceu normalmente!

Portanto, entre a Bulimia do Sucesso, a Fome Patológica e o Complexo de Vira-lata existe uma solução: o equilíbrio dinâmico da Fome Saudável!

5. Tenha fome de território

Aqui vale um velho conselho do meu saudoso pai: "A melhor hora de fazer um bom negócio é quando você não precisa fazer esse negócio".

Da mesma forma, o melhor momento de expandir seu território é quando você não precisa desesperadamente dele. Você sabe que precisará no futuro e é melhor que já o tenha conquistado quando precisar.

Quando está morrendo de fome, começa a queimar músculos e perde a capacidade de raciocínio. Faz qualquer negócio, em todos os sentidos, até no empresarial.

Em futebol, os conceitos de ganhar território e posse de bola são muito utilizados e geralmente definem o jogo. Raramente algum time que tenha o controle da posse de bola e do território perde o jogo num lance fortuito ou individual da outra equipe.

Outra expressão corrente em futebol é "fome de bola". É atribuída àquele jogador que chama o jogo para si, que não se esconde dos problemas, que não fica apagado em campo. O faminto do futebol passa o jogo inteiro buscando a bola e chamando a responsabilidade para si.

Na linguagem corporativa, ele é o proativo. É a pessoa que não espera a bola chegar, ele vai buscar a bola, vai pedir a bola. Comunica que a qualquer momento está pronto para fazer o que tem de ser feito. Mesmo sem arrogância ou alarde, dá segurança ao superior e à equipe de que todos têm ali um companheiro decidido a se arriscar, a vestir a camisa e colaborar com a equipe.

Esse é o comportamento do vencedor. O perdedor tem outro comportamento. Fica quieto, se remoendo. Então chega em casa, à noite, e dorme se lamentando: "Fulano foi promovido porque é amiguinho de Beltrano... porque tem 'marketing pessoal'" e outras desculpas.

O outro tipo de perdedor é aquele que comete um pecado mortal: usa frequentemente o verbo "tentar".

Veja a diferença entre as duas frases:

"Eu não sei se posso fazer aquilo, mas eu posso tentar."

"Deixa comigo, eu vou fazer."

Diferença óbvia, certo? Não preciso nem comentar...

A primeira frase sofre de inapetência. A segunda tem vastos territórios para se expandir.

6. Tenha a fome de perfeição

O mais famoso restaurante japonês do mundo fica em Tóquio e leva o nome do seu dono, Jiro. Fica numa estação de metrô, não tem banheiro e é o restaurante mais caro do mundo "por minuto". Explico:

o único prato é uma porção de 18 sushis que custa 400 dólares e demora 18 minutos para ser feito e mais 18 para ser consumido. Uma vez consumido, você deixa o dinheiro e é praticamente "enxotado" de lá. Só tem dez lugares.

Seu dono, Jiro, tem 90 anos. Quem cuida do restaurante é seu "jovem" primogênito de 60, mas o patriarca vai todos os dias supervisionar e cortar alguns peixes.

Jiro costuma dizer até hoje: "Estou melhorando, sempre procurando melhorar".

Certa vez, um de seus filhos lhe disse "Pai, estou pensando em montar meu próprio restaurante". Então ele falou: "Tudo bem. Se você quiser montar seu restaurante, você pode fazer. Só que no momento em que você sair daqui, não volta mais".

> Muitas vezes, a perfeição está nos detalhes.

E explica: "Qual é o problema do mundo de hoje? O pai fala: ah, filho vai lá e tenta aquilo... se não der você volta... tenta aquilo outro, se não der você volta... isso é estúpido". É aquela filosofia bem japonesa: ou se faz ou não se faz, para sempre!

[Bem, o fato é que o filho arriscou, montou o próprio restaurante, nunca mais voltou e o restaurante é também um grande sucesso!]

Jiro mantém a fome de perfeição aos 90 anos!

Um brasileiro que exemplificou esse conceito é Pelé. Ele chegava todo dia meia hora antes e saía meia hora depois dos treinos. Para quê? Para treinar chutes a gol de todos os ângulos, de todas as distâncias, de todas as posições. Se houvesse mais alguém, ele usava esse tempo para treinar dribles, cabeçadas, tudo. Treinar, treinar, treinar. Obstinadamente. O resultado foi mais de mil gols, marca até hoje nunca superada.

Muitas vezes, a perfeição está nos detalhes. Pode estar num relatório claro e objetivo, numa exposição sem erros, numa decisão precisa, numa contratação certeira ou numa entrevista de emprego convincente.

Pense bem. Ter fome de perfeição significa estar *em busca da perfeição*. Se nem o Jiro nem o Pelé conseguiram, o que nós, meros mortais, devemos fazer com essa informação?

Tudo.

CAPÍTULO 3

Passo 2: Seja um atento observador

"Sua visão se tornará clara somente quando você olhar para dentro do seu coração. Quem olha para fora, sonha. Quem olha para dentro, acorda."

C.G. Jung

No mundo natural, os animais são observadores até quando estão dormindo. Sejam predadores ou caças na cadeia alimentar (no fundo, todos os animais são predadores, uma vez que mesmo um herbívoro "mata" outros seres vivos, mas vegetais), quem tem sentidos mais aguçados leva a melhor. No entanto, a observação dos animais está sempre dirigida "para fora", ou seja, para as ameaças ou oportunidades. Nunca observam a si próprios.

Aí entra nossa vantagem. O ser humano é capaz de observar a si próprio melhor do que qualquer animal. Nós temos a capacidade de observar o que ocorre dentro de nós e buscar entender o que sentimos. Mais do que isso, temos também a capacidade de observar o que os outros veem em nós.

Este é um segredo fundamental no mundo corporativo: o autoconhecimento. Não significa gastar horas no espelho, como se fosse um narcisista ou fazer psicoterapia por décadas. Nada contra a psicoterapia, porém aqui estamos falando de algo mais simples e prático. A partir da observação e do entendimento do que ocorre dentro de nós é que podemos enxergar mais longe e de maneira mais precisa o que acontece ao nosso redor.

> Sabendo quem você é e como você é visto, é possível corrigir não a essência, mas algumas distorções ou exageros que podem prejudicar sua trajetória.

Por exemplo, você é visto como uma pessoa demasiadamente ambiciosa e ameaçadora? Ou muito tímida e submissa? É encarado como alguém objetivo e coerente? Ou cheio de ideias que nunca se realizam?

Veja que, em uma organização ou no mercado, você é percebido como as pessoas *veem* você. E é por isso que é tão importante que você primeiro *saiba* quem você é e se a imagem que você está passando é coerente com quem você realmente é. Um profissional agressivo e ambicioso jamais vai ser visto como alguém submisso, por mais esforço que ele faça para "disfarçar" sua característica. Lembre-se: por mais que você possa se olhar muitas vezes no espelho, em qualquer dia típico de trabalho ou em casa, as pessoas que convivem com você o observam por muito mais tempo do que você mesmo se observa.

Sabendo quem você é e como você é visto, é possível corrigir não a essência, mas algumas distorções ou exageros que podem prejudicar sua trajetória. Por exemplo, um profissional ambicioso pode ser muito útil para uma organização (geralmente é), mas, se for percebido como arrogante e ganancioso, pode apenas criar inimigos. Nesse caso, em vez de expandir seu território, estará apenas se isolando e perdendo terreno. Por isso, a partir do momento em que esse profissional identifica que comportamentos específicos podem gerar uma percepção negativa, ele tem a chance de atenuá-los.

Ao aprofundar seu autoconhecimento, você vai se deparar inevitavelmente com a pergunta: Ok, eu sou assim, mas o que eu realmente quero ser? O que o *Olho de Tigre* significa hoje para mim? Que território eu quero expandir? Afinal, quem você era há alguns anos não é necessariamente quem você é hoje e por isso o que o motivava antes talvez já não seja o que o motive hoje.

Descubra seu verdadeiro propósito – a história de Danilo

Acompanhei um caso muito ilustrativo de como um profissional pode dar muitas voltas e reviravoltas até encontrar seu propósito. Vamos chamá-lo aqui de Danilo.

Danilo era um rapaz de 27 anos muito inteligente e perspicaz. Desde muito cedo buscava incessantemente ser bem-sucedido em tudo o que fazia, desde competições esportivas até campeonatos de videogame.

Aos 17 anos entrou em uma prestigiada faculdade de administração de empresas. Era ávido leitor de livros de negócios e desenvolvimento profissional, assistia a muitas palestras, fazia cursos e estava sempre buscando oportunidades para se desenvolver. Logo que terminou a faculdade, Danilo entrou em um programa de trainees de uma grande empresa global e permaneceu lá por dois anos. Ansioso por evoluir mais rapidamente na carreira, aceitou uma oferta de seu pai para assumir uma área do negócio da família, uma empresa na área de acessórios esportivos.

Danilo seria responsável pela gestão da recém-criada área de *e-commerce* da empresa. Em pouco mais de um ano de atuação o rapaz havia conseguido não só dobrar o faturamento daquela área, mas também aumentou consideravelmente a rentabilidade das vendas, o que foi um feito impressionante dadas as baixas margens de rentabilidade dos produtos que a empresa estava acostumada a vender.

Tudo parecia ir bem, mas Danilo estava inquieto... ele sonhava alto e estava sentindo falta de estar conectado a uma grande empresa multinacional onde tivesse a oportunidade de interagir com pessoas de várias partes do mundo e ter discussões de nível mais alto.

A empresa da família era respeitável, mas não se comparava a uma multinacional – tinha apenas 120 funcionários. Danilo percebia que, por mais que ajudasse a empresa a crescer, ainda sentia falta de algo que talvez somente uma grande empresa pudesse lhe proporcionar: a sensação de que estaria fazendo "algo grande".

De repente, aquele rapaz que sempre brilhou em tudo a que havia se proposto começou a ficar confuso e apático. Conversava com o pai a respeito de seus dilemas, mas ele não entendia como o filho poderia pensar em sair da empresa familiar que ele próprio havia construído do nada.

As discussões com o pai começaram a se intensificar até um ponto em que Danilo decidiu deixar tudo para trás para fazer uma viagem de um ano ao redor do mundo e tentar descobrir o que realmente queria fazer. Essa ideia foi a gota d'água para um sério conflito entre ele e o pai, fazendo com que os dois não se falassem por semanas.

Danilo, porém, não deixou que aquilo afetasse seus planos. Sacou todas as suas economias do banco e embarcou em sua viagem para conhecer o mundo. O valor que tinha acumulado, cerca de 50 mil reais, pode parecer razoável, mas de longe não era o suficiente para viajar ao redor do mundo por um ano. Portanto, ele focou a viagem em fazer o lendário caminho de Santiago, na Espanha, e ser voluntário em países em desenvolvimento no norte da África e no Sudeste Asiático.

Danilo conheceu muitas pessoas de várias nacionalidades, religiões e etnias. Viu de perto a desolação deixada pelas guerras civis na África com tantas crianças órfãs e com poucas perspectivas de um futuro melhor. Ajudou como pôde: consertando peças de mobília, arrumando jardins dos orfanatos, ensinando inglês e outras atividades. Enquanto ajudava essas pessoas, pouco a pouco foi descobrindo que ele era o maior beneficiário dessa experiência.

Alguns meses fora do Brasil trocando apenas poucas mensagens com o pai, resolveu ligar para consertar aquela situação. Conversaram por horas não só sobre o conflito recente, mas sobre tantas outras questões que de uma maneira ou de outra abalavam a relação dos dois. O pai, sensibilizado com a nobreza das ações do filho na viagem, amoleceu seu coração e reatou a relação com ele. A partir dali nascia uma nova relação pai-filho muito mais próxima e poderosa.

Em certa ocasião, mais ou menos no meio do período de sua viagem, Danilo me enviou uma mensagem perguntando se poderíamos conversar, pois gostaria de escutar minha opinião sobre algo.

Em nossa conversa ele me dizia que queria voltar para o mundo das grandes empresas porque realmente era isso que ele queria fazer da vida. Ele me relatou a dificuldade de explicar isso ao pai, principalmente agora que estava com uma relação renovada com ele e me perguntou se eu achava que ele estava louco. Em uma clássica resposta do tipo "coach", perguntei o que *ele* achava. Ele me disse que acreditava que não e que tinha conversado com outros amigos que tiveram o mesmo dilema e estavam felizes seguindo uma carreira no mundo das grandes empresas. "Então aí está sua resposta", eu disse a ele. Porém, eu o adverti para tentar conviver mais tempo com a dúvida e não ter de decidir nada naquele momento. Afinal, ainda faltavam alguns meses para terminar a viagem.

Pouco a pouco o rapaz percebia que o conhecimento que ele fora buscar longe de seu país, em lugares a que nunca havia ido e com pessoas que ele nunca tinha visto, não estava nem nos lugares nem nas pessoas, mas sim dentro dele mesmo. Como na clássica história do alquimista, de Paulo Coelho, no livro *O alquimista* (Rocco), Danilo precisou "sair de casa" para encontrar seu verdadeiro tesouro "dentro de casa". Ou como José Saramago brilhantemente observou: "É preciso sair da ilha para ver a ilha".

Curiosamente, quando retornou para casa, percebeu que a grande oportunidade que estava a sua frente era fazer a diferença no negócio de sua família.

Em um ato que pode ser interpretado como altruístico, mas que na verdade refletia mais a lucidez de alguém que já estava maduro, Danilo decidiu voltar para a empresa familiar.

Atualmente, tanto o negócio quanto Danilo "vão muito bem, obrigado", mas ele teve de passar por toda essa experiência para poder chegar a esse estágio. Talvez a lição mais relevante que ele aprendeu foi que, às vezes, o que buscamos está bem a nossa frente, mas é preciso saber reconhecer. Além disso, muito mais importante do que fazer o que se ama é você amar o que faz. E mais inteligente do que amar o que faz é tratar de amar o que *sabe fazer*.

Claro que seria muito bom se todos nós pudéssemos fazer uma viagem como a de Danilo, mas honestamente não é necessário tal viagem para terras distantes para aprender algo similar. Realisticamente, a maioria das pessoas não tem tempo, recursos ou está em situações familiares que não lhes permitem tal aventura. Para todas essas pessoas, o caminho mais rápido para descobrir o verdadeiro propósito é viajar para dentro de si mesmo. A seguir vou mostrar como empreender isso.

Um método para guiar sua viagem interior: peça feedback

Para aprender sobre um assunto e se tornar um verdadeiro *expert* na matéria não nos baseamos somente em nossas opiniões. Em geral, pesquisamos minuciosamente sobre o tema lendo artigos, livros, escutando depoimentos de *experts* renomados e fazendo tudo o que for necessário.

Da mesma maneira, para nos conhecermos profundamente, não podemos nos basear apenas em nossa opinião. Provavelmente você não vai encontrar livros e artigos escritos a seu respeito, porém, você pode, sim, obter "depoimentos dos *experts*", ou seja, a opinião das pessoas que o conhecem tanto no âmbito pessoal como no profissional. Obviamente você pode pedir feedback de maneira informal para seus amigos e isso é sempre uma boa prática. Porém, para tornar esse processo mais organizado, criei um formulário simples que o ajudará a obter as informações de maneira mais clara e efetiva.

A ideia é enviar esse formulário para pelo menos sete pessoas que você acha que possam lhe dar *insights* relevantes sobre você mesmo. Fique à vontade para customizar a mensagem inicial e mesmo acrescentar ou retirar perguntas dependendo do contexto de sua relação com a pessoa.

Veja um exemplo:

Prezado XYZ,

Estou conduzindo um exercício sobre autoconhecimento e por isso estou pedindo o feedback de pessoas que respeito e que acredito que possam ter *insights* relevantes a meu respeito. Gostaria de lhe pedir para responder o questionário abaixo que não deverá tomar mais de 15 minutos do seu tempo. Peço-lhe a gentileza de me retornar o questionário até o dia xxx (coloque uma data que dê prazo de 2 semanas para a pessoa e faça um *follow up* após uma semana).

Questionário de feedback para: _____
(coloque seu nome)

Nas questões de 1 a 4, indique o número apropriado para cada item utilizando a seguinte escala:

De 1 a 5, onde 1= concordo plenamente e 5 = discordo totalmente

1. Eu me comunico de maneira efetiva. ( )

    Se possível, você teria algum exemplo para mencionar no qual baseou sua avaliação?

    _____
    _____
    _____

2. Sou efetivo em resolver problemas. ( )

   Se possível, você teria algum exemplo para mencionar no qual baseou sua avaliação?

   ----

3. Escuto atentamente quando estou em uma conversa? ( )

   Se possível, você teria algum exemplo para mencionar no qual baseou sua avaliação?

   ----

4. Tenho alto nível de tolerância à frustração? ( )

   Se possível, você teria algum exemplo para mencionar no qual baseou sua avaliação?

   ----

5. Quais as minhas principais fortalezas?

   ----

6. Quais as minhas principais fraquezas?

   ----

7. Que conselho você daria para que eu me desenvolvesse em algo que não estou fazendo tão bem?

Comentários gerais:

Você pode baixar uma versão editável deste formulário no meu site: www.renatogrinberg.com.br/promocaocurso

Conheça o "Eu Presente", o "Eu Futuro" e os artifícios de comprometimento

Outra forma de exercitar o autoconhecimento é saber lidar com o "Eu Presente" e o "Eu Futuro".

Para ilustrar esses conceitos vou me referir aqui a uma palestra TED proferida pelo pesquisador Daniel Goldstein, que usa uma passagem da Mitologia Grega, a história de Odisseu e as Sereias, de Homero.

Odisseu estava em seu barco retornando para casa após a Guerra de Troia. Conversando com um de seus marujos ele diz:

– Amanhã navegaremos para além daquelas rochas e lá encontram-se lindas mulheres chamadas sereias. Essas sereias cantam uma canção tão encantadora que todos os marinheiros que a ouvem perdem a direção de seus barcos e se esborracham nas rochas morrendo à deriva no mar traiçoeiro.

Provavelmente, qualquer outro capitão náutico desviaria sua rota para justamente evitar correr esse risco, mas Odisseu não era um navegante qualquer. Odisseu queria ouvir o canto das sereias e comunicou seu plano para aquele membro da sua equipe:

– Eu darei cera para que todos os membros da tripulação coloquem no ouvido, assim eles não ouvirão as Sereias e estarão imunes ao poder da canção. Porém, eu não colocarei a cera no ouvido pois quero ouvir a canção. Para que eu não faça nenhuma loucura enquanto ouço a canção, você vai me amarrar ao mastro do barco e não importa quantas vezes eu gritar e espernear para você me soltar, você não me soltará em hipótese nenhuma, entendido?

E assim Odisseu começou um teste gritando e implorando para que o marinheiro o libertasse. O marinheiro permaneceu fiel à sua missão e não o libertou. Após algum tempo, Odisseu parabenizou o marinheiro pelo teste bem-sucedido e pediu que o libertasse pois estava com fome e assim eles poderiam jantar juntos. O marinheiro a princípio hesitou pois pensou que aquilo poderia ainda fazer parte do teste, mas concluiu que a prova deveria terminar em algum momento e o libertou.

– Seu idiota! – gritou Odisseu. – Se você fizer isso amanhã, eu, você e todos neste barco morreremos!

A metáfora de se amarrar ao mastro do navio é algo conhecido como um artifício de comprometimento, ou seja, uma decisão que você toma com a "cabeça fria", dotado da clareza de todos os seus sentidos para evitar uma escolha que lhe gerará arrependimento em um momento em que você não estiver com a cabeça fria.

Por exemplo, antes de ir a uma festa você pode combinar com um amigo seu que não lhe deixe tomar mais do que dois drinques, porque você sabe que após o segundo começa a perder sua capacidade de julgamento e pode fazer algo de que se arrependa.

Existem duas "pessoas" dentro de nós – o "Eu Presente" e o "Eu Futuro". Durante a festa, o "Eu Presente" vai querer beber diversos drinques, mas o "Eu Futuro" sabe que isso pode ter consequências desastrosas, desde uma forte ressaca até decisões irresponsáveis que poderão prejudicá-lo bastante. De certa maneira existe uma batalha entre o "Eu Presente" e o "Eu Futuro". O "Eu Presente" quer gastar tudo o que você ganha hoje para desfrutar ao máximo, mas o "Eu Futuro" quer que você economize para ter uma aposentadoria tranquila.

O problema dessa batalha é que o "Eu Presente" parte de uma situação de vantagem pois ele está *ali*, presente, experimentando o prazer de beber um vinho ou de comer um bolo de chocolate, a satisfação de comprar algo que você deseja muito, a descarga de adrenalina que traz certa sensação de alívio ao xingar alguém quando se sente injustiçado e assim por diante. O "Eu Futuro" só pode trazer argumentos defendendo possíveis consequências negativas dos atos do "Eu Presente" ou criando cenários futuros de bem-estar, porém, não tem o poder que tem as sensações reais e imediatas que são grandes influenciadoras do comportamento do "Eu Presente". Não acordar de ressaca no dia seguinte (ou pior, ao lado de alguém que você nem se lembra quem é...), economizar para ter dinheiro no futuro para comprar um carro ou um imóvel, evitar a indulgência de doces ou comidas gordurosas (que, sendo realista, são quase sempre mais gostosas do que as comidas "saudáveis") para manter um corpo esbelto e saudável.

Independentemente de a sua rotina ser muito caótica ou mais tranquila, frequentar uma academia todos os dias seria *fisicamente* possível. O que vai tornar a ida diária à academia real é quanto você deseja isso combinado a sua autodisciplina.

Se, por exemplo, você tiver de acordar às 5 horas da manhã todos os dias para poder ir à academia, o seu "Eu Presente" provavelmente será tentado a ficar um pouco mais na cama um dia ou outro quando estiver muito frio ou quando você tiver ficado acordado até mais tarde no dia anterior. O seu "Eu Futuro" é que lhe lembrará do seu grande desejo de atingir o seu objetivo em relação a sua forma física. Se ele vencer a batalha, você, mesmo relutante, levantará da cama e seguirá com a sua "missão". Usei o exemplo da academia simplesmente por ser algo do dia a dia, mas isso se aplicaria a qualquer outro exemplo.

Como um homem consegue manter vivo o seu objetivo, a sua missão de ver uma nação superar um conflito racial tão arraigado em sua cultura após passar 27 anos em uma prisão? O "Eu Futuro" de Nelson Mandela conseguiu essa façanha. Ao sair da prisão foi eleito presidente da África do Sul em 1994 e, de uma vez por todas, extinguiu o regime de *apartheid* que existia no país desde 1949 e que tinha como objetivo segregar os cidadãos sul-africanos por critérios raciais.

Você não precisa ser Nelson Mandela para poder ter uma relação melhor com o seu "Eu Futuro". Você pode usar artifícios de comprometimento para melhorar essa relação. Eu sempre tive muita determinação e disciplina para fazer exercícios físicos. Porém, de uns tempos para cá comecei a ficar mais preguiçoso em relação a isso e não estava conseguindo manter a frequência de atividade física que gostaria. Um fato real que me atrapalha nesse quesito é a pesada agenda de viagens que possuo. No entanto, mesmo em semanas que não estava viajando tanto, não me animava como antes a treinar e, além disso, quase todos os hotéis em que fico quando viajo têm academias de ginástica, portanto as viagens, mesmo sendo reais, são na verdade uma desculpa. Minha esposa, que é uma ávida corredora, e mesmo alguns amigos me aconselharam a usar um *personal trainer*. Para mim, a ideia de usar um *personal trainer* era uma verdadeira "frescura", mas sem uma ideia melhor, aceitei os conselhos e contratei um profissional para me ajudar nos treinos. Funcionou.

O que fiz ao contratar o *personal trainer* foi nada mais do que criar um artifício de comprometimento. Pagar uma academia, em teoria, também é um artifício de comprometimento, mas não é tão eficiente como o comprometimento com um *personal trainer*. Algumas pessoas têm o hábito de treinar em pares. Sem ter plena consciência disso, essas pessoas também estão usando um artifício de comprometimento. O próprio Daniel Goldstein conta que para cada dia que ele não escrevia pelo menos uma nova frase para seu novo livro, ele colocava uma pequena quantia de dinheiro em um envelope e deixava no metrô. Essa era sua "punição" por não ter seguido a determinação do seu "Eu Futuro".

Na vida empresarial também existe o "Eu Presente" e o "Eu Futuro", principalmente quando se trata de expandir o território. O "Eu Presente" diz que sua condição atual é satisfatória, pois já foi fruto de uma conquista no passado. Pode ser um cargo ou uma fatia do mercado. Aconselha você a permanecer na sua zona de conforto, a ficar onde está. O "Eu Futuro" lhe mostra que sempre há um campo além disso para crescer, que é impossível ficar parado. Tenta provar que o mais arriscado é justamente não se aventurar na busca de novas metas. O lema do "Eu Presente" é "Não se mexe em time que está ganhando". O lema do "Eu Futuro" é "Quem não faz gols, toma!".

Seja criativo. Crie artifícios de comprometimento que realmente o ajudarão a manter sua autodisciplina para crescer. Estou criando um arquivo desses artifícios, portanto, se quiser contribuir, envie um e-mail para *renato@renatogrinberg.com.br* descrevendo o seu artifício e o resultado obtido.

Pergunte-se: como estou agregando valor?

Reza a lenda que na década de 1960, quando o comitê de diretores da Panasonic (na época, a maior empresa de eletrônicos do Japão e uma das maiores do mundo) se reuniu para discutir por que a empresa se encontrava em uma situação com severa queda de receita e lucros, seu lendário fundador, Konosuke Matsushita, disse: "Se estamos faturando menos é porque estamos agregando menos valor aos nossos clientes".

Quando o consumidor vai a uma gôndola de supermercado, a uma loja de roupas ou a uma concessionária de carros, começa uma guerra de custos-benefícios. O consumidor quer comprar o máximo de benefícios com o mínimo de custo, certo? E se um produto tem um enorme *valor agregado*, o custo terá menos importância na equação...

Sem querer comparar seres humanos com produtos, o fato é que dentro das empresas acontece algo similar. O líder tem de olhar seus funcionários e sempre verificar quanto eles agregam valor para a empresa e para os projetos nos quais estão envolvidos.

É muito comum que o profissional tenha uma atitude inversa e pergunte: que valor a empresa dá para mim? Meu chefe está me valorizando? Isso ocorre em qualquer nível, de vice-presidentes a operários.

Vejo vendedores que, numa visita a clientes, usam o seguinte "argumento" de vendas: "Puxa, me dá uma força aí, preciso bater minha meta este mês...". Ora, por que o cliente deveria "dar uma força" ao vendedor? De que forma isso agregaria valor ao cliente?

> Seja criativo. Crie artifícios de comprometimento que realmente o ajudarão a manter sua autodisciplina para crescer.

Clientes compram coisas de que precisam, coisas que resolvem seus problemas, não que resolvem problemas do vendedor. Simples assim.

É por isso que Matsushita, da Panasonic, estava preocupado em voltar a agregar valor, por meio de seus produtos, a seus consumidores e à sociedade.

Preparei um miniteste para você avaliar quanto valor está agregando a uma empresa ou a um projeto. Responda às seguintes perguntas:

1. Se eu tirasse férias de um mês e ficasse totalmente incomunicável, os projetos em que estou envolvido sofreriam um impacto:

    a) alto

    b) médio

    c) baixo

    d) nenhum impacto

2. Se um de meus subordinados fosse descrever o meu impacto nos projetos em que estou envolvido, ele diria que é:

    a) alto

    b) médio

    c) baixo

    d) nenhum impacto

3. Se meu chefe ou cliente fosse descrever o meu impacto nos projetos em que estou envolvido, ele diria que é:

   a) alto

   b) médio

   c) baixo

   d) nenhum impacto

4. Escolha pelo menos três projetos em que esteja envolvido e, sendo bem específico e objetivo, descreva pelo menos três contribuições suas em cada projeto. Depois, indique se você conseguiu descrever suas contribuições:

   a) facilmente

   b) com certa dificuldade

   c) com bastante dificuldade

   d) não conseguiu descrever pelo menos três contribuições

O principal objetivo desse exercício é simplesmente fazer você parar para refletir sobre a questão de estar ou não agregando valor. Quando foi a última vez que você parou para fazer essa análise, se é que fez alguma vez? A ideia é que essa análise seja feita de maneira recorrente. Existem muitas combinações possíveis de respostas a essas perguntas e a ideia aqui não é analisar de maneira matemática todas as combinações possíveis, mas simplesmente lhe indicar se está ou não agregando valor. Em termos gerais, se você respondeu:

- Alternativa (a) nas quatro perguntas, ou (b) em apenas uma delas, parabéns! Você está agregando valor a suas atividades.
- Alternativa (a) em pelo menos duas perguntas, e alternativa (b) em duas perguntas, você em geral está agregando valor a suas atividades, mas pode melhorar.

- Alternativa (c) em pelo menos duas perguntas, e alternativa (a) ou (b) nas outras duas perguntas, você está agregando pouco valor e precisa reavaliar como agregar valor as suas atividades ou considerar se dedicar a outras atividades.
- Alternativa (d) em pelo menos duas das perguntas, e alternativa (c) nas outras duas perguntas, você não está agregando valor a suas atividades e precisa repensar imediatamente se o que fazendo está de acordo com as suas aptidões.

Agora que você fez a análise, a menos que você esteja na categoria que já está agregando valor, precisa refletir sobre como começar a agregar mais valor. Pense no que você deve começar a fazer, o que deve parar de fazer e o que deve continuar a fazer. A resposta a essas perguntas passa por sua autocrítica combinada com a velha e boa prática de se dirigir às pessoas que estejam envolvidas em projetos com você e simplesmente perguntar: Como posso agregar mais valor ao nosso projeto?

CAPÍTULO 4

Passo 3: Visualize as ameaças, planeje e ataque

"Você não pode confiar em seus olhos quando sua imaginação está fora de foco."

MARK TWAIN

Mesmo quem nunca foi à Europa já viu em filmes que todos os castelos medievais foram construídos em colinas. Em volta deles, longas planícies. O motivo é simples: devido a sua localização, seus guerreiros podiam visualizar de antemão se algum exército inimigo estava se aproximando e, portanto, poderiam se preparar a tempo para defender o castelo de uma possível invasão.

Enquanto a ameaça se aproximava no horizonte, no castelo pontes levadiças eram erguidas, tonéis de óleo fervente eram preparados, canhões eram apontados nos muros e arqueiros colocavam-se em suas posições.

Tão logo percebiam que o inimigo externo estava enfraquecido ou desorganizado, as pontes eram baixadas e de dentro do castelo saía um exército compacto e mortal, dizimando os invasores. De escudo de defesa, o castelo se transformava numa arma de ataque.

Portanto, o castelo não era apenas uma fortaleza destinada a defender um nobre e seus súditos. Também era a capital de um feudo, cuja vocação era expandir seu território, o que aliás acabou resultando nos países que conhecemos hoje.

Para cumprir esse destino histórico, os senhores feudais precisavam visualizar ameaças para se defender, planejar conquistas para se alimentar e atacar para se expandir.

Faça comigo uma viagem no tempo e vamos desembarcar nos dias de hoje, no mundo corporativo. Será que muita coisa mudou? Sim, muita coisa, afinal na concorrência entre duas marcas pela liderança ou entre dois executivos por uma vaga não há espadas nem corre sangue.

No entanto, na essência, talvez nem tanto. Para vencer ainda é preciso seguir os mesmos princípios: visualizar ameaças, planejar e atacar.

As ameaças escondidas no caminho do sucesso

O que era a "colina" dos castelos medievais hoje é a posição em que você está, ou seja, quão longe você consegue enxergar no seu horizonte profissional. Como num mapa do Google, você deve estar preparado para ter tanto a visão ampla (o futuro mais distante) quanto a visão detalhada (o futuro mais próximo).

Contudo, é muito mais fácil visualizar o sucesso do que antever ameaças – e isso é um perigo. Nesse exemplo, se você ficar olhando com o telescópio o cargo de vice-presidente ou de CEO (futuro mais distante) e esquecer do cargo de gerente ou diretor (futuro mais próximo), sabe quando chegará ao seu objetivo? Nunca.

Erros desse tipo são mais frequentes do que parecem. É dessa forma que as ameaças se "escondem" dentro de sucessos aparentes. Entre empreendedores, também é absolutamente comum jovens empresários dormirem com a ilusão de que acordarão com a ideia de um novo Facebook ou Google, ou seja, saltarão todas as etapas e se tornarão bilionários da noite para o dia. Ignoram que 99% das empresas nascem pequenas e crescem devagar.

Existem centenas de fórmulas para alcançar o sucesso. Na internet, nas livrarias, em cursos, palestras, workshops, coaches... Como saber quais delas funcionam? Eu também não sei, mas posso arriscar uma boa pista: se a fórmula oferecer algum tipo de *atalho mágico*, pode acreditar que você tem aí uma ameaça oculta.

Não existe caminho suave para o sucesso, apenas muito estudo, suor e trabalho.

Mesmo a visualização exige trabalho meticuloso e sério, embora seja uma atividade ligada à imaginação. Por isso eu recomendo um método chamado **Imaginação Realista**, que consiste em descrever detalhadamente aonde você quer chegar.

Por exemplo, se você quer ser vice-presidente, "imagine" (na verdade, descreva mentalmente ou por escrito) exatamente o que ele é. Ele é fluente em inglês? Ele é sócio da empresa? Como ele se veste? Como ele se comporta perante o CEO? E com os diretores? E na frente dos clientes? Ele fez cursos de gestão? E cursos de especialização no exterior nas áreas de conhecimento da empresa? Ele tem conhecimento profundo de todas as diretorias subordinadas a ele? Ele já foi diretor de uma delas antes de ser promovido ao cargo de vice-presidente? É humilde ou arrogante quando se relaciona com funcionários de baixo escalão? Como ele trata sua secretária? Como ele se comunica com *você*?

> Não existe caminho suave para o sucesso, apenas muito estudo, suor e trabalho.

Ufa... viu como dá trabalho apenas imaginar ser vice-presidente de uma organização? E esse é apenas o começo.

Repare que eu não listei perguntas relacionadas ao *desejo* de ser vice-presidente, do tipo: quanto ele ganha? Qual o modelo do seu carro? A Imaginação Realista nada tem a ver com o desejo, mas sim com um objetivo.

Da mesma forma, se você é empreendedor, não perca tempo sonhando com o Facebook ou o Google. Visualize algo mais palpável com o método da Imaginação Realista. O importante é que seja algo além do horizonte atual, ou seja, um objetivo que sirva para expandir seu território.

Todos nós temos um amigo que é um exímio churrasqueiro de fim de semana. Quando estamos saindo de sua casa, satisfeitos, não nos contemos e falamos: "Você tinha de abrir uma churrascaria! Você é muito bom nisso!". Obviamente, fazer churrasco para os amigos não tem nada a ver com abrir uma churrascaria, que é um *negócio*.

Se o nosso amigo churrasqueiro de fim de semana usar o método da Imaginação Realista, verá que terá de aprender tantas coisas, desde comprar mesas e cadeiras, contratar pessoal até alugar um local e lidar com impostos e fornecedores (nada parecido com o prazer de receber amigos) que vai desistir e continuar no emprego em que está.

Por outro lado, há donos de churrascaria de sucesso que nem sabem fazer churrasco! E depois os vemos montar uma concessionária de carros e uma loja de roupas. São aventureiros sem rumo? Não. São especialistas em negócios. Com seu *Olho de Tigre*, sabem expandir o território de seus empreendimentos, identificando e afastando as ameaças que veem no horizonte. Para lhe ajudar nesse processo existe uma ferramenta prática e efetiva que explicarei a seguir.

Um método para visualizar e planejar

Para uma visão de algo no futuro é necessário imaginar, portanto é inegável a relação de visão com imaginação.

Pesquisas conduzidas pelo psicólogo nova-iorquino Daniel Kadish e outros especialistas desse campo de estudo sugerem que cirurgiões, músicos e executivos usam técnicas de visualização para melhorar o seu desempenho. Esses cientistas acreditam que nós vivenciamos as experiências reais e as imaginadas de maneira similar. Muitas das conexões neuronais que são ativadas quando realmente subimos uma montanha ou apenas visualizamos que estamos subindo essa montanha são as mesmas.

Você já deve ter vivenciado a experiência de acordar com a frequência cardíaca acelerada após um sonho, ou melhor, um pesadelo em que você estava correndo para fugir de alguém ou de algo assustador. Está comprovado que essas "corridas mentais" estimulam o sistema nervoso simpático, o qual governa o que os cientistas chamam da resposta automática de "atacar ou fugir" quando deparamos com algum suposto perigo. Essa resposta de "atacar ou fugir" aumenta a nossa frequência cardíaca, respiração e pressão sanguínea.

Portanto, apenas imaginar um movimento pode desencadear repostas do nosso sistema nervoso comparáveis às respostas que ocorrem após um movimento executado fisicamente.

O enorme e eterno sucesso de canções de amor também se explica por um mecanismo similar. Quando vivemos uma grande paixão e associamos esse grande amor a uma música, essa associação é feita para sempre. Significa que basta a música começar a tocar e a lembrança da pessoa amada será revivida, tenha sido esse amor bem-sucedido ou não.

Algo ainda mais curioso ocorre quando somos crianças. Por que nossos filhos pedem que sempre contemos as mesmas histórias? Elas têm a capacidade, que depois perdemos, de visualizar e *sentir de verdade* o mesmo medo do Lobo Mau mesmo sabendo que no final da história dará tudo certo para a Chapeuzinho Vermelho. E quando a criança "transforma" um travesseiro num perigoso monstro com sua imaginação, aquele travesseiro de fato é um monstro. Até que fique muito perigoso... e então se torne um travesseiro de novo! Observar coisas desse tipo é o que torna tão deliciosa a maravilha de ter filhos.

Pode ser difícil acreditar, mas pesquisas demonstram que é possível atingir resultados concretos pela simples prática da visualização desses resultados. Em um estudo emblemático publicado em 2007 no *North American Journal of Psychology*, atletas que mentalmente praticaram determinado exercício, o *hip-flexor*, tiveram ganho de força praticamente igual aos que praticaram o exercício fisicamente (os exercícios foram realizados cinco vezes por semana durante 15 minutos em um aparelho de pesos). Quando você repetidamente visualiza que está realizando uma tarefa, você precondiciona as suas conexões neurais de maneira que já estará familiarizado com a ação antes mesmo de realizá-la fisicamente.

> O simples fato de você visualizar um objetivo realizado de maneira clara e inequívoca já lhe dará mais motivação para atingi-lo.

O legendário golfista Jack Nicklaus contava que antes de dar uma tacada sempre a "praticava" na própria mente com o máximo de detalhes possíveis. Como deveria pegar no taco, qual era a posição de seu corpo, o trajeto da bola após a tacada e assim por diante. Lembro-me de que, quando me preparava para algum concerto, visualizava minha mão percorrendo o braço do violão passando pelas partes mais desafiadoras das obras que tocaria. Quando não conseguia visualizar claramente determinada passagem da música, era sinal de que precisava praticar mais, pois ainda não estava realmente incorporada.

Se você ainda estiver cético em relação a essa questão, independentemente de qualquer evidência científica, eu garanto que o simples fato de você visualizar um objetivo realizado de maneira clara e inequívoca já lhe dará mais motivação para atingi-lo. Experimente!

Aplique a análise "Estado Atual *versus* Estado Desejado"

Quando decidi mudar de área, do mundo da música para o dos negócios, comecei a planejar como faria essa transição, mas antes de tudo, na época, de maneira puramente intuitiva, criei uma visão clara do que seria esse novo mundo para mim. Essa visão foi formada a partir de uma mescla de informações que eu tinha em relação ao que era o mundo dos negócios, minha realidade na época, ou seja, meu *estado atual*, o que eu acreditava ser o meu potencial e o que realmente eu gostaria de atingir, ou seja, o meu *estado desejado*. Existe uma ferramenta, criada por Kurt Lewin, conhecida como *Force Field Analysis* (FFA), ou *Análise do Campo de Forças*, que deixa esse processo que mencionei anteriormente bem mais claro e tangível. Lewin originalmente desenvolveu essa ferramenta para o seu trabalho de psicólogo social, porém, atualmente o FFA é usado em várias áreas.

O FFA pode ser usado de duas maneiras:

- Para tomada de decisões: ele o ajuda a analisar as forças que são contra ou a favor de certa decisão e a lógica por trás de sua decisão final.

- Para analisar o que o ajuda e o que o atrapalha para chegar ao Estado Desejado e como maximizar o positivo e minimizar o negativo para atingir o Estado Desejado.

Aqui vamos focar na segunda opção.

Em uma folha de papel escreva no canto superior direito as frases que definem o seu estado desejado. No canto inferior esquerdo, as frases que descrevem seu estado atual. Liste todas as forças que podem ajudá-lo a atingir o estado desejado e todas as forças que o atrapalham para alcançá-lo. Repare que o primeiro passo do exercício é descrever o estado desejado. Por quê? Porque se você descrever primeiro o estado atual, você tenderá a definir o estado desejado já influenciado pelas limitações do estado atual.

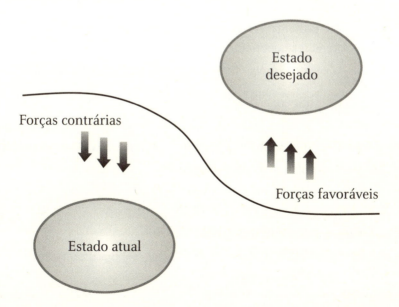

Para ilustrar o conceito vou usar uma meta pessoal em relação a minha preparação física:

Estado Desejado:
- Conseguir correr 5 quilômetros em no máximo 30 minutos.
- Conseguir nadar mil metros em no máximo 40 minutos.
- Reduzir meu peso corporal para 84 quilos (tenho 1,84 metro de altura).
- Reduzir a circunferência da minha cintura para 90 centímetros.

Estado Atual:
- Consigo correr 5 quilômetros em 45 minutos.
- Consigo nadar mil metros em 50 minutos.
- Meu peso corporal é de 92 quilos.
- A circunferência da minha cintura é de 97 centímetros.

Forças contrárias (aspectos que dificultam o alcance do estado desejado):
- Minha agenda de viagens, que muitas vezes atrapalham minha rotina de exercícios.
- Como viajo bastante, tenho muitas oportunidades de experimentar comidas diferentes que muitas vezes são bem calóricas.
- Minha paixão por comer chocolates (tanto amargo como ao leite).
- Em muitas ocasiões me falta energia para treinar após ter ministrado workshops por vários dias seguidos.

Forças favoráveis (aspectos que ajudam o alcance do estado desejado):
- Em geral eu gosto de praticar exercícios.
- Minha preocupação em me manter saudável.
- Minha vaidade pessoal tanto em relação à imagem quanto em relação à capacidade de superar desafios.
- A vasta quantidade de informações a que tenho acesso tanto em relação à alimentação quanto à prática de exercícios.

Após ter concluído a análise, busque estratégias para maximizar as forças favoráveis e para minimizar ou mitigar as forças contrárias.

Por exemplo, eu identifiquei que uma força favorável é que, em geral, eu gosto de praticar exercícios. No entanto, aprecio alguns exercícios mais do que outros: prefiro pular corda a fazer agachamentos. Portanto, algo que pode me ajudar a minimizar a força contrária "me falta energia para treinar após ter ministrado workshops por vários dias seguidos" seria, nessas ocasiões, focar somente nos exercícios de que mais gosto, como pular corda em vez de fazer agachamentos. Talvez não seja o ideal para o treino, porque obviamente os agachamentos têm um objetivo diferente do de pular corda, porém, é melhor fazer algum exercício do que não fazer nada.

Planejar: Aplique a Engenharia Reversa visual

Einstein dizia que a imaginação é mais importante do que o conhecimento porque a imaginação não tem limites. Reinterpretando essa afirmação eu diria que de certa forma é necessário "direcionar" a sua imaginação. O direcionamento da imaginação do gênio da física eram as fórmulas.

Tanto é assim que Einstein não perdeu tempo imaginando um elefante cor-de-rosa voador. Ao contrário, imaginou coisas muito mais malucas, como viajar no tempo ou viajar montado numa partícula de luz como se fosse um cavalo. Por incrível que pareça, foi com base nesse tipo de "experimentos mentais" que Einstein erigiu suas mais famosas teorias e revolucionou o mundo da física e tudo o que decorre daí. É claro que em 1905 não havia aceleradores de partículas de milhões ou até bilhões de dólares para testar suas teorias, mas havia algo muito mais complexo e precioso: a mente de Einstein, um cérebro com o *Olho de Tigre*.

Mesmo assim, vamos pedir licença ao gênio e supor que ele imaginasse o tal elefante cor-de-rosa voador. Mesmo que não existisse, teria de descrevê-lo. Como seriam suas orelhas? E seu peso? E a aerodinâmica alongada de sua tromba? Por que essa cor? De que ele se alimenta? Como se reproduz?

Feita a descrição detalhada da visualização, teria de se partir para a segunda etapa: descobrir como nosso elefante adquiriu essas características, ou seja, como evoluiu para chegar a elas. Será que haveria morcegos entre seus ascendentes longínquos cujas asas evoluíram para orelhas? E a tromba longilínea, veio de algum parente de tamanduá?

Essa operação se chama "Engenharia Reversa", ou seja, é tomar um objeto, desmontá-lo e deduzir como foi construído a partir de suas peças. Fazíamos isso com brinquedos quando éramos crianças e nem sempre dava certo (levávamos *aquela* bronca)... mas quando dava certo, era uma delícia!

Vamos voltar à visualização daquele cargo de vice-presidente. Uma vez que você tem uma imagem clara do que quer... e agora?

Agora é praticar a Engenharia Reversa: para cada item da lista de características do cargo que você almeja, pergunte: como esse vice-presidente adquiriu cada uma das habilidades?

Algumas respostas são simples, outras nem tanto. Por exemplo: ele é fluente em inglês e isso é necessário porque a empresa tem clientes de outros países.

Existem algumas formas de ser fluente em inglês: ter nascido nos Estados Unidos ou em outro país de língua inglesa e ter morado lá até os 10 ou 12 anos; ter morado e estudado lá durante a juventude; ter estudado desde muito jovem em excelentes escolas de línguas no Brasil, com viagens frequentes àqueles países; ter estudo árduo e prática constante de leitura e conversação em língua inglesa, em qualquer época da vida.

Se você nasceu nos Estados Unidos, estudou lá até os 12 anos e continuou praticando inglês de negócios, esse item da Engenharia Reversa está resolvido.

Se, porém, o seu inglês é fraco, não adianta tapar o sol com a peneira e "pular" esse item. O desastre, lá na frente, será maior. Existem cargos de vice-presidente em empresas ou em ramos que não exigem e talvez nunca exigirão fluência em inglês. Contudo, no nosso caso, esse cargo exige e ponto final.

A segunda pergunta da nossa lista sobre o nosso vice-presidente é: ele é sócio da empresa? Você descobre que sim, ele é sócio. A empresa é uma sociedade anônima? De capital fechado? Limitada? Tem ações na Bolsa de Valores? Dependendo do modelo de sociedade, qualquer membro da diretoria que seja um diretor-acionista é solidário com 100% de todas as "encrencas" que acontecerem na empresa. Por exemplo, se houver uma ação trabalhista com bloqueio de bens, o juiz trabalhista poderá bloquear contas bancárias de todos os acionistas independentemente do percentual que possuam na empresa, seja 10% ou 90%.

E você, está preparado para esse tipo de alta temperatura? Entende agora por que ele ganha aquele alto salário, tem aquele carrão e mora naquela casa maravilhosa?

E como ele chegou lá? Certamente conquistou um grau de confiança máximo com o dono da empresa, pois ele mesmo, o vice--presidente, também é dono. Se alguém comprar a empresa num bom momento, ele pode ganhar uma excelente quantia. Faz parte do jogo. Quantos "sapos" ele teve de engolir para chegar aonde chegou? Quantas vezes acordou de madrugada em casa para atender a uma ligação do dono?

É por isso que, se você for gerente e quiser ser vice-presidente, recomendo desde já: seja diretor antes e vá se habituando às altas temperaturas dos altos cargos. O mesmo se aplica para suas aspirações empreendedoras.

No entanto, atenção: não desista do plano de ser vice-presidente ou um grande empresário. O segredo é claro, mas não é tão simples de se colocar em prática: **planejar**.

Planejar é exatamente o que estamos explicando aqui: uma vez que você fez uma boa visualização da meta que pretende atingir com o máximo de detalhes, use esse mesmo detalhamento para fazer uma Engenharia Reversa. Desse modo, vai identificar todos os passos que terá de trilhar para chegar aonde o vice-presidente chegou.

Se ele fez um curso de gestão, você terá de fazer um. Quando? Ache um tempo. Tem cursos de especialização no exterior? Negocie com a empresa, na hora certa. Tem conhecimento das outras áreas? Estude, discretamente. Nas horas vagas. Quando encontrar com colegas de outros departamentos, torne suas conversas no café produtivas em vez de perder tempo com fofocas.

O planejamento é incessante e permanente. A Engenharia Reversa deve se transformar numa lista de metas e submetas absolutamente racionais e possíveis de atingir com disciplina e muito trabalho.

O desejo de ser vice-presidente, CEO ou grande empresário é ótimo. No entanto, o melhor jeito de respeitá-lo é trabalhar com muito empenho para realizá-lo. Há um provérbio japonês que diz:

> *Treine enquanto eles dormem, estude enquanto eles se divertem, persista enquanto eles descansam e então viva o que eles sonham.*

No começo deste capítulo mencionei que não há fórmulas mágicas para atingir sucesso e elas realmente não existem. Porém, há, sim, leis matemáticas que regem o universo. Quero lhe passar aqui não uma fórmula mágica, mas uma fórmula que lhe dará uma referência para que você consiga aumentar suas chances de atingir os resultados que busca.

Respeite as leis matemáticas

Sempre que fazemos qualquer tipo de esforço, estamos buscando, quer de maneira consciente, quer inconsciente, alcançar resultados.

Com os anos de experiência, geralmente acabamos melhorando nosso índice de "quantidade de esforço *versus* resultado alcançado". Ou seja, a tendência é de não precisar nos esforçar tanto para atingir os mesmos resultados. Enquanto esse fato pode ser muito bom e uma espécie de recompensa por nossos esforços anteriores e pela sabedoria que adquirimos, também pode ser a gênese para a nossa decadência, pois podemos nos tornar complacentes. Após pesquisar e refletir por muitos anos a respeito do que gera resultados, cheguei à conclusão de que existe o que podemos chamar de uma fórmula fundamental para obtenção recorrente de resultados.

$$\text{Resultado} = \text{Competência} \times \text{Dedicação} \times \text{Eficiência} \times \text{Resiliência}$$

Competência reflete a sua habilidade de fazer algo.

Dedicação reflete quanto tempo você se dedica a fazer algo.

Eficiência reflete quanto do tempo que você se dedica a alguma tarefa é realmente aproveitado.

Resiliência reflete sua capacidade de continuar seguindo adiante independentemente dos desafios que surgem à sua frente.

Um ponto importante dessa reflexão é que, como em qualquer operação de multiplicação, se um dos fatores for zero, o resultado será *zero*. À luz dessa fórmula, faça uma retrospecção das situações em que você atingiu os resultados esperados e daquelas em que não atingiu os resultados esperados. Quantas vezes você já disse para si mesmo: "Puxa, me dediquei tanto para aquilo, venci tantos desafios e não consegui atingir minha meta"? Será que sua dedicação foi acompanhada da "dosagem certa" de eficiência? Ou será que você tinha o nível desejado de competência? Claramente você pode ter se dedicado ao extremo e também ter sido muito resiliente, mas talvez tenha faltado eficiência ou competência.

Divida os seus objetivos nesses quatro elementos e analise se você está conseguindo um equilíbrio dos fatores. Se não está, busque fazer algo diferente para melhorar os elementos que faltam desenvolver. Como a famosa frase que é atribuída a Einstein revela: "Insanidade é continuar fazendo sempre a mesma coisa e esperar resultados diferentes". Pense nisso.

Talvez você esteja questionando se não está faltando o elemento *sorte* na fórmula, pois afinal você pode fazer tudo certo e no final não atingir o resultado esperado. Confesso, caro leitor, que eu deparei com esse dilema, pois realmente é preciso ter um pouco de sorte em algumas ocasiões. No entanto, minha conclusão é de que a fórmula só deveria conter elementos que controlamos, pois assim se torna acionável.

Portanto, faça a sua parte e a sorte aparecerá de uma forma ou de outra. Contudo, outro ponto que eu não podia deixar de contemplar é a questão do resultado de curto e longo prazo e aí sim a fórmula necessita de um elemento a mais. A fórmula anterior fornece a explicação para resultados de curto prazo, porém para obter resultados sustentáveis de longo prazo é necessário algo mais. Vamos repetir a fórmula, mas trocar "Resultado" por "Resultado Sustentável" (RS) e acrescentar um fator adicional. Fica assim:

$$RS = c*d*e*r*i$$

Onde "i" representa integridade, que é o elemento fundamental para se conseguir resultados que não vão ruir como castelos de areia. Alguém sem integridade que busca resultados independentemente das ações necessárias para consegui-los pode até ter sucesso momentâneo, porém a falta de integridade trará consequências negativas mais cedo ou mais tarde.

Um bom exemplo disso é um caso ocorrido em 2003. Charles Ingram, um major do exército britânico, havia sido escolhido para participar do show de TV *Who Wants to be a Millionaire?* (Quem quer ser um Milionário? em tradução literal – a versão britânica do Show do Milhão), no qual o participante tem de responder perguntas de múltipla escolha até chegar ao prêmio máximo, de 1 milhão de libras esterlinas.

Charles, como qualquer outra pessoa, queria muito ganhar esse prêmio. O problema é que ele não tinha nem competência, nem dedicação, nem eficiência para conseguir chegar ao resultado esperado. Talvez o único elemento da fórmula que ele tinha era a resiliência de não desanimar diante de tantas dificuldades. Mesmo assim, Charles Ingram foi o terceiro participante em toda a história do show a ganhar o prêmio máximo! Opa! E o que aconteceu com os outros elementos da fórmula? Como ele desenvolveu os outros elementos?

Charles pensou em usar a ajuda de sua esposa e de um amigo, o professor Tecwen Whittock. Ambos estariam na plateia no dia em que ele participasse do programa de TV. O show funciona da seguinte maneira: cada pergunta tem sempre quatro alternativas e elas começam fáceis e vão se tornando mais difíceis à medida que o valor do prêmio aumenta. Se o participante resolver parar em alguma pergunta, ele leva o valor que tinha acumulado até o momento. Porém, se ele decidir responder a pergunta e errar, perde tudo o que havia acumulado. A cada pergunta que recebia, Charles repetia todas as possíveis respostas várias vezes fazendo algum tipo de comentário a respeito de cada alternativa. Até aí, nada demais.

Contudo, assistindo à gravação, nota-se que ou sua esposa ou seu amigo tossiam no momento em que Charles lia as alternativas em voz alta. Não em todas as alternativas, ou seja, eles sempre tossiam logo após determinada alternativa. Poderia até ser coincidência. Porém, invariavelmente Charles escolhia a resposta que coincidia com a tosse. Muitas vezes ele lia todas as alternativas de novo e lá estava a tosse, infalível, após certa alternativa. Então, estando certo de qual era a alternativa "da tosse" ele a escolhia, o que com certeza o levava a acertar a questão... até que ele respondeu certo à última questão e recebeu o prêmio de 1 milhão de libras esterlinas. Juntando todas essas informações, as coincidências parecem não ter sido verdadeiras *coincidências.*

Charles chegou ao resultado esperado usando competência, dedicação e eficiência, porém não dele e sim de sua esposa e de seu amigo. O resultado, como se esperava, foi de curto prazo, pois faltou o elemento "integridade" à fórmula. Obviamente, o que Charles fez foi ilegal e não demorou muito para os produtores do programa desconfiarem de algum tipo de fraude e passarem o caso à polícia. Após uma análise cuidadosa dos tapes da gravação, a polícia descobriu a fraude. Charles Ingram, sua esposa e Tecwen Whittock foram julgados e condenados à prisão. Além disso, tiveram de pagar uma multa e obviamente devolver o prêmio de 1 milhão de libras esterlinas.

Ao ataque!

A chance de ganhar na Mega-Sena com uma aposta simples é de 1 para 50 milhões. É como se houvesse um globo com 50 milhões de bolinhas, alguém o girasse e caísse exatamente a bolinha que você escolheu.

Não sei quantas empresas nasceram no mundo quando o Facebook foi fundado, mas talvez seja um número nessa escala. Milhões de empresas e um Facebook. Então você pode argumentar: "Renato, mas tem gente que ganha na Mega-Sena!". Sim, é verdade. Também existe gente que se casa com um príncipe ou uma princesa. Porém, se você ficar esperando isso acontecer, pode passar a vida inteira à espera. Garanto que terá mais chances de sucesso se seguir a recomendação do compositor Geraldo Vandré em uma das estrofes de sua icônica canção da década de 1960, "Pra Não Dizer que Não Falei das Flores":

> *Vem, vamos embora,*
> *Que esperar não é saber,*
> *Quem sabe faz a hora,*
> *Não espera acontecer.*

A hora de "atacar", ou seja, de agir, é quando o **mapa** está pronto, como numa guerra. O mapa é composto de um objetivo bem visualizado e descrito e de seus componentes devidamente detalhados em passos definidos.

Em outras palavras, a hora de atacar é a hora da **ação**. Na vida empresarial ou pessoal, nada existe sem ação. Bill Gates sempre diz que na época em que fechou o acordo com a IBM para vender seu sistema operacional junto com os computadores da IBM, o que o tornaria o homem mais rico do mundo, muitos estavam fazendo algo muito parecido com o que ele fazia. A diferença é que ele agiu de maneira rápida e implacável.

Mesmo quando você tem um mapa, há muitos fatores imponderáveis, que não dependem de você. Não é possível sempre prever quando você será promovido ou quando uma meta será realmente alcançada ou ainda quando a sua empresa fechará aquele grande contrato. No entanto, reconheça que sem um mapa, ou seja, navegando às cegas, as chances de sucesso são muito menores!

Faça uma tabela na qual em um eixo você coloque o tempo e em outro os objetivos. O que estiver sob seu absoluto controle, por exemplo fazer um curso de inglês. O que não depender totalmente de você, como o cumprimento de certas metas ou promoções intermediárias, vá modificando conforme a realidade.

O importante é que o mapa expresse, em tempo real, em que ponto você está na sua batalha. Assim, você conseguirá visualizar com clareza os desafios e expandir o território com a bravura do *Olho de Tigre*!

CAPÍTULO 5

Passo 4: Seja água, terra, fogo e ar: inove!

"Do rio que tudo arrasta se diz que é violento; mas não se diz violentas as margens que o comprimem."

BERTOLT BRECHT

Sim, é possível ser água, terra, fogo e ar ao mesmo tempo. Como um tigre, como um vencedor. E também é possível associar conceitos tão antigos quanto esses ao mais moderno dos desafios: a inovação.

A teoria dos quatro elementos como constitutivos do Universo foi a solução encontrada por filósofos gregos como Empédocles e Aristóteles para explicar a matéria e o mundo. Nos dias de hoje sabemos que tal explicação não tem a menor utilidade científica. A tabela de elementos químicos atual tem mais de 200 elementos, incluindo alguns que nem foram observados ainda...

Porém, passados dois mil anos, como esses quatro conceitos permanecem úteis como poderosa metáfora! Como ainda nos ajudam a pensar, viver e agir!

Grandes felinos como o tigre, por exemplo, não têm problema algum com a *água*. Nadam quando é preciso, com absoluta desenvoltura e intimidade com o rio. Suas enormes patas os mantêm grudados na *terra* em perfeito equilíbrio. Seu rugido espanta qualquer ameaça ao seu território assim como o *fogo* na entrada da caverna afugentava os invasores. E o salto no *ar* de um tigre, na hora do ataque sobre a presa, é mortal.

Vamos ver como isso acontece no mundo empresarial e de que forma os velhos elementos podem ajudá-lo, hoje, a inovar sua trajetória profissional ou empresarial.

Seja água

Certa vez um repórter perguntou para Bruce Lee, o legendário mestre das artes marciais, o que alguém deveria fazer para atingir sucesso. De maneira clara e inequívoca ele disse: "Seja água!".

As características principais da água, para o que nos interessa, são a flexibilidade, a adaptabilidade e o que se chama de *learning agility*, ou habilidade de aprender rápido.

Ter a flexibilidade da água significa saber alternar entre a suavidade e a firmeza. Se você já ocupa um cargo de liderança, em qualquer grau de hierarquia, sabe do que estou falando. Às vezes é preciso ter mão firme para o projeto não sair dos trilhos, outras vezes é preciso recompensar a equipe ou reconhecer o esforço daquele colaborador que deu tudo de si, mas que infelizmente não teve, naquele momento, o resultado desejado.

Nada mais frustrante, para uma equipe, do que ter um líder do estilo "Eu ganhei, nós empatamos, vocês perderam". Esse tipo de líder não está construindo uma equipe, está armando uma armadilha para si próprio.

Está provado que líder que é 100% do tempo suave ou 100% do tempo severo, ou seja, não é flexível, simplesmente não funciona. O autor e pesquisador Kenneth Blanchard, autor do best-seller *O gerente minuto* (Record, 2003), ficou mundialmente famoso ao difundir o conceito de "Liderança Situacional", que de maneira bem resumida diz basicamente isso. Abordo esse tema de maneira mais detalhada em meu livro *O líder alfa* (Gente, 2014).

A *adaptabilidade* é outra característica da água que se aplica perfeitamente ao mundo empresarial. Assim como a água imediatamente se adapta a uma garrafa redonda ou quadrada, o profissional de sucesso sabe quando as regras da empresa mudam e o empresário bem-sucedido sabe quando o mercado se transforma e sempre busca inovar para não se tornar obsoleto.

Tudo isso depende da *learning agility*, especialmente no mundo de mudanças vertiginosas em que vivemos. Já não se fazem mais previsões sobre o futuro, até porque o futuro está nos jornais de hoje, ou melhor, nos portais, ou melhor ainda, nos smartphones. (Ou ainda em algo que ainda não existe enquanto escrevo estas palavras, mas que quando você estiver lendo este livro já possa estar no mercado.)

Todo inovador tem *adaptabilidade, flexibilidade* e *learning agility*.

Seja terra

Justamente porque o mundo é tão mutável, uma exigência fundamental é manter os pés no chão. Na vida corporativa, manter-se na terra tem um nome: números. O único porto seguro para nos defender da natureza imprevisível das "viagens" incertas das ideias geniais são os números. Isso vale para ideias, intuições e *insights*. "Genialidades" são excelentes componentes da vida corporativa e empresarial, mas não podem nortear nosso progresso e nosso sucesso se não estiverem embasadas em números.

Números funcionam em qualquer lugar do Universo. Um mais um é igual a dois em qualquer planeta, em qualquer galáxia. Um menos um *também* é igual a zero... Só existem duas linguagens literalmente universais: a notação musical e os números.

Portanto, quando você apresenta seu projeto e o presidente da empresa pergunta "Ok, mas quanto vamos ganhar com isso?, ele não está sendo ganancioso. Ele está testando se o seu projeto tem consistência e se você manteve os pés na terra quando o idealizou.

Uma inovação sem fundamentos sólidos, ou seja, sem os pés na terra, é apenas uma ideia solta no ar.

Seja fogo

O fogo não é só inquieto: é quase indomável. Tanto que o domínio do fogo talvez tenha sido o passo decisivo para o controle dos humanos sobre todos os outros seres vivos na Terra.

A arte de dominar o fogo não terminou e nunca terminará. Faz parte de nosso cotidiano. Estou falando daquele "fogo" que nos move para a frente e nos faz crescer, expandindo nossas conquistas, mas que também pode ser destrutivo com uma rapidez que todos conhecemos.

A expressão "ter o pavio curto" é bem conhecida e não faz muito sucesso no ambiente corporativo justamente porque não é exatamente produtiva... pelo contrário. Geralmente é atribuída a pessoas que falam antes de pensar e acabam demitidas ou perdendo o cliente justamente porque ... "tiveram pavio curto".

> Uma inovação sem fundamentos sólidos, ou seja, sem os pés na terra, é apenas uma ideia solta no ar.

Precisamos, no entanto, reconhecer que ter o pavio curto pode ter um aspecto positivo quando usado no momento certo. Se o pavio curto lhe fizer sair da inércia e tomar uma atitude que poderá reverter um caminho desastroso em um momento de crise, por que não?

Muitas vezes, quando temos uma ideia ou uma atitude inovadora numa organização, perdemos a paciência com os mais conservadores. Por isso, mantenha seu fogo sob controle, mas jamais o apague.

Seja ar

O ar, nosso último elemento, é o que fica acima de todos. Embora invisível e impossível de se pegar, não é o menos importante. Na nossa metáfora, aliás, pode ser considerado o mais importante, pois representa a nossa *missão* neste mundo.

É aquilo que naquelas horas em que estamos em casa, com as crianças e o cônjuge dormindo, saboreando o sucesso de um projeto, olhamos para dentro de nós e para aquilo em que acreditamos, não só nas nossas inovações, mas também nas nossas crenças mais profundas.

O inovador é sempre considerado visionário justamente porque tem essa missão presente em todas as suas atitudes.

O ar é difícil de explicar, mas é o mais fácil de entender.

O ar pode ser comparado à nossa fé.

Inove!

Talvez você tenha percebido que em cada um dos elementos mencionei algo ligado à importância de se inovar. Inovação sempre foi algo fundamental para o sucesso das empresas; porém, pode-se dizer que há algumas décadas o tema não estava tão presente em empresas de setores mais tradicionais que aparentemente não precisariam inovar.

Na atualidade, a capacidade de inovação se tornou questão de sobrevivência para a grande maioria das empresas independentemente da indústria ou da atividade da organização. Não estou me referindo aqui àquelas empresas que notoriamente possuem inovação em seu DNA como Apple, Google ou Facebook, entre tantas outras.

Bancos estão inovando. Supermercados estão inovando. Empresas de construção civil estão inovando. Seja em relação ao produto ou ao serviço, à maneira de interagir com seus clientes ou às estratégias que serão implementados para conquistar mercado, todas as empresas que pretendem se manter crescendo de maneira rentável e bem posicionadas no mercado estão buscando inovar.

Antes de continuar essa reflexão é importante deixar claro o que é inovação. Se você fizer uma busca no Google ou em dicionários, certamente encontrará centenas de definições. Por isso, aqui vou usar uma definição que para mim é bem sucinta, mas ao mesmo tempo suficientemente abrangente para refletir o que é fundamental em relação ao conceito: inovação é a disciplina de identificar e atender necessidades de consumidores de novas maneiras que gerem valor.

Reparem que o fundamental dessa definição são os conceitos "disciplina" e "gerar valor". Uma invenção que seja muito criativa, mas que não gere valor nenhum, não pode ser considerada uma inovação no mundo dos negócios. Talvez você invente um copo que para alguém conseguir beber água precise estar de ponta-cabeça. A princípio, esse copo não agrega valor, pois ninguém no seu dia a dia (a não ser que seja um morcego) vai querer beber água de ponta-cabeça. Portanto, com base na definição que passei, esse novo copo não pode ser considerado uma inovação. Contudo, se você pensar que talvez esse mesmo produto possa atender às necessidades de astronautas, que, em função do ambiente sem gravidade a que são submetidos, poderiam precisar de um copo assim, aí esse novo produto agregaria valor e, portanto, poderia ser considerado uma inovação.

Em relação à parte da definição de inovação que se refere à disciplina, ao contrário do que possa parecer, a habilidade de inovar requer muita disciplina. Aquela ideia de que a inspiração precisa "baixar" para se poder inovar ou ser criativo é um mito.

Posso afirmar isso com tranquilidade com base tanto na minha experiência como músico, como na de executivo e mais recentemente na de consultor e pesquisador desse tema. O que não podemos confundir é disciplina com inflexibilidade. Mesmo parecendo um contrassenso, você pode desrespeitar todas as regras, porém de maneira disciplinada, ou seja, usando um método.

O compositor austríaco Arnold Schoenberg desafiou praticamente todas as convenções das regras de composição quando criou no início do século XX uma nova maneira de compor que se tornou conhecida como dodecafonismo. Mesmo que para muitos as composições de Schoenberg possam parecer músicas sem pé nem cabeça (e realmente, a princípio, são mesmo difíceis de apreciar), a história da música lhe reservou um lugar de destaque como um dos grandes compositores do século XX.

Para desenvolver seu método revolucionário de compor, Schoenberg estudou com muita disciplina, por anos a fio, todas as técnicas de composição tradicionais e foi testando novas possibilidades até chegar ao dodecafonismo. Não foi algo que simplesmente surgiu de um *insight* da noite para o dia. Da mesma maneira que não foi um *insight* da noite para o dia a invenção da lâmpada incandescente por Thomas Edison ou do iPhone por Steve Jobs em conjunto com uma equipe de engenheiros da Apple.

Existe uma ligação estreita entre a capacidade de inovar e as habilidades de flexibilidade e adaptabilidade. A flexibilidade é fundamental para não se ficar preso às limitações da realidade existente e a adaptabilidade é necessária para rapidamente não só aceitar, mas sim prosperar nessa nova realidade. Não é possível um profissional ser flexível e adaptável se não possuir uma mentalidade (ou *mindset*) inovadora, como também uma empresa só será flexível e adaptável se possuir uma clara cultura de inovação.

Um método para aumentar sua flexibilidade e adaptabilidade, ou seja, sua capacidade de inovar

I. Aprenda a reconhecer e a navegar no mundo "VUCA"

O termo VUCA foi criado pelo exército norte-americano para definir o ambiente que eles encontravam em um campo de batalha. As letras significam o seguinte:

- V de *volatile* em inglês – volátil em português: mudanças frequentes, rápidas e de duração desconhecida.

- U de *uncertain* em inglês – incerto em português: por mais que se tente prever, nunca se sabe quando nem por quê uma mudança vai ocorrer.

- C de *complex* em inglês – complexo em português: existem muitas varáveis com muitas possíveis conexões entre elas. Apesar de muitas informações estarem disponíveis, o desafio é saber usar essas informações de maneira objetiva e produtiva.

- A de *ambiguity* em inglês – ambiguidade em português: a mesma informação pode ter significados totalmente diferentes.

O grande erro de muitos profissionais e de organizações como um todo é ignorar a existência desse ambiente VUCA ou, pior ainda, tentar eliminá-lo. Tentar eliminar o ambiente VUCA é o mesmo que tentar encher uma piscina com uma peneira, ou tentar enxugar gelo no verão do Rio de Janeiro, ou achar que o dia virou noite só porque você fechou os olhos, ou... bem... você já entendeu o que quero dizer aqui!

A partir do momento que você identifica os elementos do ambiente VUCA que estão ocorrendo ao seu redor, sua única chance é traçar um plano para navegar nesse ambiente. Cada situação possui suas particularidades e por isso não conseguiria aqui lhe passar uma "fórmula" que sempre funcione, mas, em termos gerais e de maneira prática, você deve fazer o seguinte:

- Identifique quais são as possíveis mudanças que poderiam ocorrer nesse ambiente volátil. Pense em como lidar com cada um desses novos cenários caso algum deles ocorra.

- Diminua a incerteza. A partir dos cenários citados, desenvolva hipóteses que possam explicar por que tais mudanças ocorreram, o que lhe ajudará a pensar em conjunturas possíveis para que realmente ocorram, o que por sua vez lhe dará mais *insights* em relação a quando podem ocorrer.

- Não se contente com explicações simplistas que não levaram em consideração a complexidade da situação e dos vários ângulos que podem ser explorados em relação aos cenários envolvidos.

- Celebre a ambiguidade procurando identificar os pontos positivos e negativos de cada novo cenário. Daí, pense em como você poderia maximizar o aproveitamento dos pontos positivos e minimizar o impacto dos pontos negativos.

2. Desconstrua: Faça mais com menos

Vamos supor que você tenha 13 tábuas que formam 6 baias para prender cavalos como demonstra a figura a seguir.

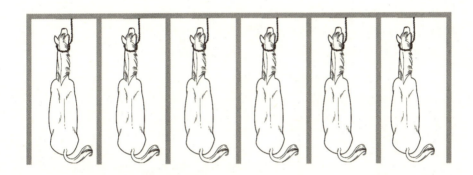

Como acontece frequentemente, a situação do mercado mudou (lembra do VUCA?) e agora, das 13 tábuas que você tinha, você tem de vender 6 delas para comprar um novo cavalo e, portanto, precisa criar uma nova baia para acomodar esse novo cavalo. Ou seja, agora você precisa criar 7 baias com apenas 7 tábuas.

Instruções:

Embora o espaço entre as tábuas que formam as baias possa ser modificado, as tábuas precisam permanecer do mesmo tamanho original, ou seja, você não pode cortá-las ou sobrepô-las.

As baias precisam manter pelo menos uma tábua de cada lado do corpo do cavalo.

Não pode existir um espaço aberto na frente do cavalo.

Use uma folha de papel para fazer rascunhos.

Não existe "pegadinha" no enunciado do problema, mas você deve usar toda sua capacidade de inovação para achar a solução.

Pense na solução e faça rascunhos por pelo menos dez minutos antes de ir até a página 104 para ver a resposta.

* * *

O desenho da resposta é autoexplicativo. Foram usadas as sete tábuas com uma disposição totalmente diferente do desenho original para se criar as sete baias.

Se você não acertou a resposta (e a maioria das pessoas não acerta) é porque, quando você viu a primeira imagem, seu cérebro ficou limitado às possibilidades de variações que seguiam o padrão do desenho inicial.

Para você ter mais chances de se libertar dos padrões limitantes que seu cérebro estabelece precisa desconstruir tais imagens isolando o elemento mais básico que puder identificar em cada situação. No caso do exercício anterior, o elemento mais básico eram as tábuas isoladas. A partir do momento em que começasse a trabalhar com uma tábua apenas, você estaria desconstruindo a imagem do desenho original, pois começaria a "brincar" com a tábua isolada de todas as maneiras que ela poderia existir no espaço: de maneira horizontal, vertical ou em vários ângulos diagonais.

O próximo passo seria adicionar uma segunda tábua nessa sua "brincadeira" com as tábuas. Você poderia colocar essa segunda tábua de maneira paralela à primeira, transversal, começando no centro da outra para formar um "T" e assim por diante. Perceba que aqui você já não está mais limitado à imagem do desenho de referência, pois uma ou duas tábuas juntas pouco tem a ver com a estrutura original. Testando as duas tábuas em várias combinações você eventualmente chegaria à estrutura do "V" que representa uma baia com formato diferente dos originais, porém atendendo a todas as restrições passadas no problema. Ou seja:

- As tábuas permaneceram do mesmo tamanho. Não foram cortadas nem sobrepostas.
- As baias mantiveram pelo menos uma tábua de cada lado do corpo do cavalo.
- Na nova disposição continua não havendo um espaço aberto na frente do cavalo.

A partir daí era só dar um passo a mais para juntar todas as tábuas formando "Vs" partindo de um ponto comum, o que é a solução do problema.

3. Busque os *insights*

No capítulo "O que aprendi com meus erros", mencionei que Steve Jobs não perguntou para ninguém se alguém queria um iPod para carregar mil músicas no bolso e que ele costumava dizer que inventava coisas que as pessoas "nem sabiam que queriam". Na verdade, Jobs não era o único célebre empresário que pensava assim. Henry Ford, nascido quase cem anos antes de Steve Jobs e considerado o pai da indústria automobilística, disse uma vez: "Se eu tivesse perguntado para as pessoas o que queriam, elas teriam dito um cavalo mais rápido".

Tanto Jobs como Ford não perguntaram o que os consumidores queriam, não porque eles não se importassem com o que as pessoas queriam. Eles sabiam que apenas perguntar para as pessoas nem sempre revela o que elas realmente querem. É necessário ir além.

É necessário buscar os *insights*, mas o que é um *insight*? De maneira objetiva, um *insight* é um entendimento penetrante da verdade subjacente de algo. Em outras palavras, o "porquê por trás do porquê". Comparando a um *iceberg*, perguntar para os consumidores o que eles querem é o mesmo que enxergar a parte visível de um *iceberg*, a parte acima da água. *Insight* seria a parte do *iceberg* abaixo da água.

104   A excelência do Olho de Tigre

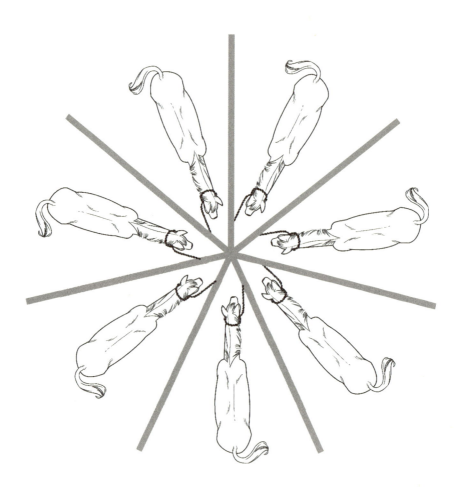

Pensando nessa analogia, o que acontece quando tomamos decisões levando em consideração apenas o que "está à vista" e ignoramos os *insights*? Se você for o capitão de um navio provavelmente afundará a embarcação. Se for um executivo ou empresário também afundará sua empresa ou carreira.

Em 1985 os executivos da poderosa Coca-Cola, sentindo-se ameaçados pelo avanço de mercado da voraz concorrente, a Pepsi-Cola, decidiram contra-atacar. Investiram milhões de dólares em pesquisas para identificar o que os consumidores queriam em relação ao sabor do refrigerante. Resolveram fazer isso após a concorrente ter lançado o Desafio Pepsi, que consistia na apresentação de um "teste-cego", no qual os consumidores davam um gole em dois tipos de refrigerantes, sem saber qual era a marca que estavam experimentando. O teste provou que quase 60% dos consumidores pesquisados preferiram o gosto da Pepsi.

Pois bem, para reverter essa situação, a Coca-Cola modificou a sua centenária fórmula e, em novos testes-cegos, conseguiu reverter os resultados iniciais, superando a rival. Ou seja, agora os consumidores preferiam o sabor da Coca-Cola ao da Pepsi no teste-cego. Com a validação da pesquisa, a Coca-Cola lançou com grande estardalhaço o seu novo produto, que tinha um gosto mais adocicado, a New Coke.

O resultado foi decepcionante. Na verdade, uma tragédia! Os consumidores não aceitaram a nova bebida. A sede da empresa em Atlanta recebeu milhares de cartas (nessa época ainda não existia e-mail) de seus leais consumidores furiosos, exigindo a volta da Coca-Cola tradicional.

Em poucos meses a empresa recolheu todos os produtos do mercado e voltaram com a boa e velha Coca-Cola, agora chamada "Classic Coke". O que aconteceu? Eles perguntaram para os consumidores o que eles queriam, não perguntaram? O que ocorreu é que as pesquisas não identificaram a parte do iceberg abaixo da superfície da água, os *insights*. Nas palavras de Donald Keough, ex-presidente da Coca-Cola: "Todo o tempo e dinheiro investido em pesquisas com os consumidores não pôde revelar o apego emocional tão profundo e duradouro em relação à Coca-Cola original". Análises posteriores revelaram algo a mais.

O autor e jornalista Malcolm Gladwell em seu livro *Blink – A decisão num piscar de olhos* (Rocco, 2005) argumenta que um problema fundamental com aquelas pesquisas foi que a experiência de se tomar uma bebida em casa ou em um restaurante é bem diferente da experiência de um teste-cego. Por exemplo, no teste-cego a pessoa toma apenas um gole da bebida, o que é bem diferente de tomar um copo ou uma lata inteira da mesma bebida. Com apenas um gole, os consumidores gostavam daquele sabor mais adocicado. Porém, após tomar vários goles, a sensação do sabor mais adocicado já não parecia tão agradável.

Outro exemplo, no caso do efeito positivo do descobrimento de *insights*, vem da empresa Lego. Entre 2002 e 2004, a icônica empresa dos bloquinhos de brinquedo coloridos vinha perdendo mercado e suas receitas e lucratividade estavam despencando. A partir de 2005 a empresa se acertou e começou uma incrível retomada de crescimento e lucratividade que permanece até os dias em que escrevo estas linhas. O motivo? Nas palavras de Jorgen Vig Knudstorp, CEO da Lego: "Realmente entender os verdadeiros, mas não *verbalmente expressados*, desejos e necessidades das crianças foi o elemento-chave para a recuperação da Lego".

4. Busque o verdadeiro problema e pratique a Experimentação Disciplinada

Você já deve ter ouvido alguém falando que, em vez de nos focarmos no problema, devemos nos focar na solução para o problema. Ao passo que este é um conselho sensato, o que eu proponho aqui é ir um passo além. Antes de buscar a possível solução para um problema é necessário identificar o verdadeiro problema, pois muitas vezes perdemos tempo tentando resolver o problema errado. Como um médico que tenta curar os sintomas de uma doença no lugar de entender a causa dos sintomas e, portanto, curar a doença, ou seja, resolver o verdadeiro problema. Tentar inovar em algo cujo real problema não se entende é uma receita para uma inovação que não cria valor, ou seja, uma perda de tempo!

Entenda que o problema é o problema!

Em 1959 o mundo passava por várias mudanças. Fidel Castro assumia o poder em Cuba, o presidente Eisenhower tornava o Havaí um estado dos estados norte-americanos, os estúdios da Disney lançavam o filme *A Bela Adormecida* e o Brasil "elegia" um rinoceronte como vereador. Mais de cem mil eleitores, revoltados com escândalos na câmara municipal de São Paulo, votaram em um rinoceronte chamado Cacareco (parece que nesse quesito as coisas não mudaram tanto assim...).

Naquele mesmo ano, Henry Kremer, um magnata britânico, ofereceu um prêmio de 50 mil libras esterlinas (uma verdadeira fortuna para a época, algo como 1,2 milhão de dólares em dinheiro atual) para quem conseguisse criar uma máquina voadora que usasse apenas a energia do corpo do piloto, ou seja, uma aeronave de propulsão humana (algo similar a uma bicicleta voadora).

Quase duas décadas já haviam se passado após Kremer ter lançado o desafio com inúmeras tentativas fracassadas de se criar esse ciclo-avião. Até que um sujeito chamado Paul MacCready mudou esse cenário. Paul concluiu que as várias pessoas que tentaram e falharam queriam resolver o problema errado. O que ocorria é que seus antecessores passavam meses construindo a máquina com base em conceitos teóricos e após todo o tempo dedicado (em alguns casos, mais de um ano) é que testavam se ela poderia voar. Quando o teste falhava eles começavam tudo de novo e demoravam mais alguns meses para poder testar novamente. Esse era o problema! O problema *é* o problema!

A principal questão não era construir a máquina, mas protótipos que pudessem ser concluídos em horas ou no máximo em dias para serem testados e aprimorados rapidamente. E foi exatamente o que ele conseguiu fazer usando materiais simples que facilitavam a construção de protótipos rapidamente. Além disso, esses protótipos eram facilmente adaptáveis para se ajustar os defeitos após um teste. Seu primeiro protótipo falhou. O segundo, o terceiro, o quarto e muitos outros também falharam. Porém, todas essas falhas ocorreram em questão de dias ou no máximo semanas e não em vários meses, como os candidatos anteriores. Havia ocasiões em que ele conseguia testar três ou quatro novos protótipos no mesmo dia.

Já haviam se passado 18 anos desde que o desafio fora lançado e, após aproximadamente seis meses de muita insistência com inúmeras tentativas, Paul MacCready finalmente conseguiu voar 2.172 metros em seu avião de propulsão humana, batizado de Gossamer Condor, ganhando, assim, o grande prêmio.

O que Paul fez foi utilizar uma técnica que eu chamo de "Experimentação Disciplinada". Resumidamente funciona da seguinte maneira:

A partir de uma ideia para inovar algo você começa um processo para desenvolver e se aprofundar nos *insights*.

Então você explora e experimenta esses *insights*.

O próximo passo é validar esses *insights*.

Com base no resultado da etapa da validação você deve decidir por um dos três As:

- Acelerar o projeto.

- Acomodar o projeto em algo diferente.
- Acabar com o projeto.

Quanto mais vezes você passar pelos passos da "Experimentação Disciplinada", mais chances terá de se aproximar de uma verdadeira inovação.

5. Use a técnica dos "5 porquês" para identificar a Causa Raiz do problema

Os "5 porquês" é uma técnica para encontrar a Causa Raiz de um defeito ou problema. É uma técnica de análise que parte da premissa de que, após perguntar cinco vezes por que um problema está acontecendo, é possível determinar a causa raiz do problema, ou seja, a verdadeira causa do problema e não os sintomas que o problema está causando.

Basicamente, diante de um problema, você deve formular a pergunta "Por quê?" cinco vezes para compreender o que aconteceu. Nada impede, porém, que mais (ou menos) de cinco perguntas sejam feitas. O número 5 vem da observação de Taiichi Ono, conhecido como o pai do Sistema de Produção Toyota e criador da técnica, de que esse número costuma ser suficiente para se chegar à causa raiz. Algo importante que devemos ter em conta é que cada pergunta deverá sempre estar relacionada à causa anterior (isso ficará mais claro na história que contarei a seguir).

O *problema* é o *Enéas*

Uma empresa da indústria de componentes eletrônicos precisava urgentemente diminuir a quantidade de defeitos nas peças que fabricava para se manter competitiva no mercado. Diversas tentativas foram feitas para resolver o problema treinando os funcionários que trabalhavam na linha de produção das fábricas, porém, os resultados não foram animadores. Depois de cada treinamento o índice de

110 A excelência do Olho de Tigre

defeitos até diminuía por algumas semanas, porém logo voltava ao índice anterior e às vezes até ficava pior do que antes. O que fazer?

Um jovem executivo, Tomás, assumiu a direção geral da empresa com a missão de resolver a questão. Após alguns dias entrevistando funcionários de diversos departamentos e analisando o histórico do que havia ocorrido nos últimos anos, Tomás chegou à conclusão de que seus antecessores não haviam identificado a raiz do problema e por isso todas as tentativas de lidar com a questão haviam falhado. Ele chamou Enéas, que era encarregado pela área de Recursos Humanos e disse que gostaria de alterar o plano de bônus dos gerentes.

Antes que Enéas perguntasse a razão de tal mudança, Tomás disse que havia aplicado o conceito dos "5 porquês" para identificar a causa raiz do problema dos defeitos de produção e concluiu que, sem uma alteração no plano de bônus dos gerentes da empresa, essa questão não seria resolvida. Enéas, claramente surpreso e cético com o que acabara de ouvir, mas sem querer parecer ignorante, perguntou a Tomás se ele poderia lhe passar mais detalhes. "Vamos lá!", respondeu Tomás com empolgação.

A primeira pergunta que fiz foi: Por que temos um alto índice de defeitos em nossos produtos? A partir da minha investigação descobri que isso ocorre porque nossos funcionários da linha de produção não sabem como lidar com nossos componentes eletrônicos.

A segunda pergunta que fiz foi: Por que nossos funcionários da linha de produção não sabem como lidar com nossos componentes eletrônicos? O que descobri, conversando com muitos de nossos funcionários, foi que eles não entendem claramente a conexão entre o índice de defeitos e o trabalho que realizam.

Daí minha terceira pergunta foi: Por que eles não entendem claramente a conexão entre o índice de defeitos e o trabalho que realizam? Buscando um histórico de nossos programas de desenvolvimento, verificou-se que os treinamentos conduzidos anteriormente não abordaram essa questão de maneira efetiva.

Então minha quarta pergunta foi: Por que os treinamentos conduzidos anteriormente não abordaram essa questão de maneira efetiva? E sabe o que descobri? A essa altura, Enéas com um ar bastante preocupado, balbuciou de maneira quase inaudível: "A empresa de treinamentos não era boa?" "Nada disso!", respondeu Tomás em tom enérgico. "Os gerentes responsáveis pelas unidades fabris nunca se envolveram nessa questão."

Então minha quinta e última pergunta foi: "Por que os gerentes das unidades não se envolveram nessa questão?". Foi aí que busquei o plano de bônus desses gerentes e percebi que o índice de defeitos em nossos produtos não afeta em nada o bônus desses gerentes. Portanto, se quisermos realmente resolver esse problema, o índice de defeitos deverá ser um dos componentes do bônus dos gerentes. Dessa maneira, os gerentes terão um incentivo claro para se envolver no treinamento dos funcionários da linha de produção e monitorar recorrentemente o progresso desse índice.

A propósito, Enéas, você está demitido!

CAPÍTULO 6

Passo 5 – Monitore seu posicionamento e mantenha o foco

"Lembre-se sempre, seu foco determina sua realidade."

George Lucas

Neste capítulo farei a ligação entre dois poderosos conceitos para obter sucesso no mundo corporativo e empresarial: posicionamento e foco.

Posicionamento é basicamente o espaço que uma marca ocupa na mente do consumidor, assim como é a imagem que uma pessoa expressa no mercado profissional. Portanto, tanto marcas quanto pessoas têm posicionamento e precisam monitorá-lo constantemente pois seu sucesso depende disso.

Dito isso, é fácil entender por que algumas marcas às vezes fazem campanhas publicitárias milionárias que mostram seu produto apenas ambientado numa família feliz num parque em vez de gritar suas qualidades, sua eficiência ou seu preço mais barato. Às vezes o produto é um sabão em pó e ele nem aparece no comercial, só no final, discretamente, com um slogan. O que é destacado é apenas a família feliz e a marca.

A marca não está "enganando" o consumidor, como se dissesse: "Se você usar nosso sabão, vai ganhar um fim de semana no parque, vai fazer sol e seus filhos não vão brigar!". A agência de publicidade sabe que o consumidor não é estúpido. O que o comercial está dizendo é: "Queremos fazer parte de seus momentos mais felizes e contribuir para isso. No que estiver ao nosso alcance, conte com a gente".

Portanto, essa marca hipotética quer ocupar um espaço de felicidade na mente de seu consumidor. Naturalmente os anunciantes esperam que essa energia positiva contribua para que a marca seja escolhida na gôndola do supermercado.

O mesmo vale para um carro esportivo, que quer ocupar um espaço que nem existe na realidade, mas só no imaginário do consumidor. Se aqueles momentos de felicidade familiar num parque são tangíveis, não podemos falar o mesmo de cenas de carros desafiando estradas com desfiladeiros em alta velocidade, fazendo fantásticas manobras que só se vêm em filmes do James Bond ou Bruce Willis. Ora, pouquíssimos consumidores fazem isso, até porque o preço desses carros é tão alto que em geral quem os compra são pessoas com muito mais idade e responsabilidade que os atores que representam o comercial.

Mais uma vez, a marca e a agência sabem que não estão falando com o consumidor em si, real, mas com seu imaginário; ou melhor, estão posicionando a marca para o imaginário de um consumidor que tem dinheiro, mas que, salvo algumas exceções, jamais vai fazer a besteira de realizar aquelas manobras malucas e arriscar a própria vida! O fato é que, cada vez que ele se sentar ao volante daquele carro, aquele aventureiro interior vai se sentar junto e isso é o que importa.

Falamos de produtos, mas, e com gente, é diferente? Sim e não.

O apresentador Luciano Huck é obviamente uma pessoa, mas também é uma marca. Quando usa sua imagem para promover uma empresa, o que ele transfere para aquela empresa são as características da "marca Luciano Huck" de credibilidade, jovialidade etc.

No mundo corporativo pessoas também são marcas. Têm fortalezas, fraquezas, ameaças e oportunidades (lembra da análise SWOT pessoal que sugeri no livro *A estratégia do Olho de Tigre*?). Profissionais de qualquer área e de qualquer hierarquia são vistos e avaliados, consciente ou inconscientemente, todos os dias por seus superiores, por seus pares e por seus subordinados pelo seu posicionamento.

Por exemplo (e simplificando bastante, mais adiante eu complico), se o Pedro é muito bom em informática e é "amigão", a todo momento suas atitudes serão avaliadas com esses parâmetros, consciente ou inconscientemente. Se ocorre um problema em algum computador em qualquer departamento, alguém ao lado logo diz: "Chama o Pedro! Ele resolve isso em cinco minutos, com um sorriso!".

Agora imagine que o Pedro se "canse" por algum motivo da imagem da sua marca pessoal. Um dia ele é gentil, no outro, sério e ríspido. Um dia, eficiente, no outro começa a dar palpites na organização do departamento no qual deveria apenas cuidar dos computadores.

Nesse caso, aconteceu uma de duas coisas: ou Pedro está querendo se reposicionar ou simplesmente perdeu o *foco* do posicionamento atual.

Mantendo o foco, mesmo em reviravoltas

Vimos até aqui que o posicionamento profissional é uma mescla de características comportamentais e técnicas. É esse conjunto de características que vai acompanhá-lo em sua carreira, da mesma forma que acompanha uma marca no mercado.

Assim, quando há uma possibilidade de promoção ou contratação, o responsável por preencher a vaga certamente leva em conta o "conjunto da obra", principalmente quando há empate na qualificação técnica. É por isso que as consultorias de recrutamento e seleção – e eu já fui CEO de uma delas – preocupam-se tanto em orientar os candidatos a dois momentos-chave de sua busca por uma vaga: o currículo (que mostra sua qualificação técnica) e a entrevista (que mostra sua adequação comportamental).

Não vou entrar em mais detalhes aqui sobre o que significa posicionamento, pois já existem diversas obras tratando desse assunto com bastante profundidade e além disso já abordei esse tema no primeiro livro. O que quero trazer como mensagem desta vez é a importância de *rever* o seu posicionamento de tempos em tempos, seja para mantê-lo ou para modificá-lo.

Feita essa análise, se você identificar que é necessário se reposicionar, foque nesse novo posicionamento com todas as forças. Se concluir que seu antigo posicionamento ainda é válido, a recomendação ainda é a mesma: mantenha o foco!

Quando eu estava mudando de carreira, de músico para executivo, precisei buscar um posicionamento que fizesse sentido para aquele momento da minha vida. Busquei entre minhas fortalezas aquelas que teriam mais impacto naquele novo mundo em que eu estava ingressando (na época fiz isso de maneira intuitiva pois ainda nem sonhava com o "método do *Olho de Tigre*"). No meu caso foram as fortalezas de disciplina e criatividade que me ajudaram a criar um posicionamento de alguém com quem as pessoas podiam contar para trabalhar duro e ao mesmo tempo buscar soluções criativas para os problemas recorrentes do dia a dia.

> É fundamental *rever* seu posicionamento de tempos em tempos, seja para mantê-lo ou para modificá-lo.

Aquele posicionamento, que foi fundamental para o sucesso da minha mudança de carreira, já não era mais válido quando comecei a assumir posições de liderança. Nesse novo momento, meu posicionamento passou a ser algo como "um líder participativo, mas decisivo", pois, ao mesmo tempo em que eu procurava estar próximo da minha equipe, não hesitava em tomar decisões difíceis de maneira assertiva.

Na fase atual da minha carreira o meu posicionamento é ser um *expert* em liderança, motivação e desenvolvimento profissional, que, de acordo com a minha experiência, são os pilares fundamentais para atingir alta performance. Então para ser mais focado, quando me perguntam o que eu faço, a minha resposta é:

"Eu ajudo a elevar a performance das pessoas para que elas atinjam melhores resultados tanto como profissionais quanto como líderes empresariais, através de uma metodologia prática e objetiva que eu mesmo desenvolvi."

Essa formulação concisa do que eu faço é chamada pelos norte-americanos de *elevator pitch* ou *elevator speech*. É uma expressão que resume com exatidão o que você faz e "cabe" no tempo que você tem em uma "viagem" de elevador para falar quem você é e o que você faz para alguém supostamente importante. Imagine que você encontre um dos maiores potenciais compradores do seu produto ou serviço no elevador ou alguém que pode contratá-lo para o trabalho dos seus sonhos. Essa é a sua chance de gerar o interesse dessa pessoa. No entanto, você tem menos de 30 segundos para fazer isso. Se não tiver um posicionamento claro, conciso e objetivo não terá a menor chance.

Repare que para fazer isso eu trabalho como consultor empresarial, ministro aulas, palestras, workshops, escrevo livros, aconselho executivos, participo de conselhos administrativos, invisto em *startups* etc. Todas essas atividades, por mais variadas que possam parecer, convergem para um posicionamento único, que talvez poderia ser traduzido em um slogan "marqueteiro", como "o guru da alta perfomance" ou, de uma maneira mais sutil, poderia ser simplesmente "Excelência e Alta Performance" que, aliás, é o *tag line* que adotei para a minha identidade visual.

Considere se seu posicionamento atual reflete a melhor maneira de lhe apresentar e se tem foco. Se sim, qual seria o seu *elevator pitch*? E o seu slogan? Reflita sobre isso e escreva ambos para que possa refiná-los com o tempo. Mais do que poder mostrá-lo para os outros, ter clareza sobre essas sínteses vai ajudá-lo a ter foco sobre você mesmo.

O renomado psicólogo Walter Mischel, recipiente do prêmio Grawemeyer em psicologia de 2011, diz que a forma como nos focamos é a chave da força de vontade. Na década de 1970, Mischel e sua equipe conduziram na universidade de Stanford um importante estudo sobre o tema que ficou conhecido como o "teste do *marshmallow*".

O estudo consistiu em colocar crianças de 4 anos, individualmente, em uma sala. Nessa sala havia apenas uma mesa e sobre ela uma bandeja com doces, por exemplo *marshmallows*. O condutor do estudo dizia para cada criança que escolhesse o doce que quisesse. Se você já viu uma criança na frente de uma bandeja de doces sabe que não é necessário dar essa instrução duas vezes! Porém, existia uma "pegadinha". O pesquisador então dizia à criança: "Você pode comer o doce que escolheu agora, se quiser, mas se não comer até eu voltar para a sala, depois de eu resolver o que preciso fazer, você poderá comer *dois* doces".

O que você faria se tivesse 4 anos? Bem, cerca de um terço das crianças comia o *marshmallow* imediatamente, outro terço esperava um pouco, mas eventualmente acabava cedendo à tentação e apenas um terço das crianças conseguia aguardar cerca de 15 minutos até o pesquisador retornar à sala, para serem recompensadas com dois doces.

As crianças que conseguiam atingir tamanha façanha eram capazes de se controlar distraindo-se com artimanhas como jogos de faz de conta, cantando ou até cobrindo os olhos para não verem os doces. Em estudos de seguimento, os pesquisadores descobriram que as crianças que esperaram por mais tempo pela possível recompensa apresentaram tendência a ser mais bem-sucedidas na vida, conforme mensurado por desempenho escolar, níveis de renda quando adultos e até o índice de massa corporal (IMC).

Indo além, em seu livro *Foco* (Objetiva, 2015), Daniel Goleman cita um estudo conduzido em uma pequena cidade da Nova Zelândia, Dunedin, que possui uma população de apenas 100 mil pessoas. Foram estudadas 1.037 crianças na infância e depois acompanhadas durante décadas por uma equipe multidisciplinar de profissionais de diversos países. Essas crianças foram submetidas a baterias de testes ao longo de seus anos escolares que incluíam avaliação de tolerância a frustração e do poder de concentração. Quando adultos foram avaliadas quanto a saúde, prosperidade e eventuais crimes cometidos.

O que você acha que foi a conclusão do estudo? Quanto maior o poder de concentração e, portanto, maior o seu autocontrole e por consequência maior a força de vontade das crianças estudadas, melhores os índices de saúde e prosperidade e menor a taxa de criminalidade. Uma análise estatística descobriu que o nível de autocontrole de uma criança é um indicador de sucesso tão forte quanto a classe social, a riqueza da família de origem ou mesmo o famoso Q.I. (quociente de inteligência). "Na realidade, para o sucesso financeiro, o autocontrole na infância se mostrou um indicador mais forte do que o Q.I. ou a classe social da família de origem", afirma Goleman.

Relembrando a introdução deste livro em que menciono Olacyr de Moraes e Eike Batista, acredito que uma das grandes falhas deles foi justamente não terem tido foco, o que, como vimos em meu caso, na seção "O que aprendi com meus erros", também está ligado à falta de humildade. Por isso apresentarei a seguir as estratégias para que você não caia nessa armadilha e possa atingir a *Excelência do Olho de Tigre*.

Um método para rever seu posicionamento e manter-se FOCADO

I. Aplique o conceito "Menos é Mais"

Como já mencionei, quem tenta ser tudo para todos acaba se tornando nada para ninguém. Isso, porém, talvez seja óbvio para alguns. O verdadeiro desafio é saber em que se focar e resistir à tentação de expandir para áreas que possam parecer sinergéticas, mas que na verdade causarão diluição de sua atenção e de seu posicionamento. Não quero dizer aqui que você não possa começar a atuar em outras áreas e que essa tentativa lhe levará ao fracasso. A mensagem que quero passar aqui é apenas para que você não se iluda com seu sucesso anterior achando que poderá atuar em outra área sem o devido planejamento e a preparação. Seu sucesso no passado não lhe garante sucesso no futuro.

Se pensarmos no mundo corporativo, um bom exemplo a ser seguido é o da Red Bull. A empresa tem, sem sombra de dúvida, a marca mais conhecida no segmento de bebidas energéticas em que atua e uma das marcas mais reconhecidas em geral. Mesmo que você nunca tenha tomado um energético da Red Bull, provavelmente você já ouviu falar ou viu essa marca em algum lugar. A bebida detém cerca de 60% do mercado mundial de bebidas energéticas e pode ser encontrada em mais de 165 países ao redor do mundo. Nos postos de gasolina da Áustria, país de origem da empresa, a bebida é mais vendida do que a popular Coca-Cola. Desde seu lançamento no mercado, em 1º de abril de 1987, já foram consumidas mais de 50 bilhões de latas do energético no mundo.

Com o reconhecimento mundial da marca, seria natural pensar que a Red Bull poderia aproveitar esse sucesso e expandir sua oferta de produtos. Vejamos: Quantos produtos a Red Bull possui? Apenas um – a bebida energética. Por muitos anos não existia nem sequer variações da bebida. Atualmente, já existem alguns sabores diferentes como *cranberry* e *blueberry* e o RED BULL ENERGY SHOT, uma versão concentrada da bebida, mas nada além disso. Não existem barras de cereais da marca ou produtos do gênero.

Dietrich Mateschitz, um dos fundadores da empresa e o real gênio por trás da marca, poderia ter caído na tentação de tentar replicar o sucesso da marca em outras áreas, porém, pelo menos até o momento em que escrevo estas palavras, isso não aconteceu. Essa é uma estratégia que pode ser resumida em uma só palavra: foco.

Em um exemplo no sentido oposto, temos uma tentativa de expansão de marca no mercado norte-americano realizada pela Colgate. Naturalmente você conhece a Colgate pelos seus famosos cremes dentais, mas nos anos 1980 algum "gênio" do marketing da empresa achou que seria uma boa ideia aproveitar o reconhecimento da marca em produtos de higiene bucal e entrar no mercado de comidas prontas. Nascia assim a Colgate Kitchen Entrees.

A premissa provavelmente foi de que, se as pessoas gostavam de escovar os dentes com a pasta da Colgate, também gostariam de experimentar uma comida feita pela Colgate. O resultado? Um verdadeiro fiasco! Nunca saberemos exatamente o que passou na cabeça da pessoa que teve aquela ideia e menos ainda na cabeça dos executivos que a aprovaram, mas se essas pessoas tivessem contemplado que muitas vezes "menos é mais" e que foco é fundamental para o sucesso, esse grande fiasco não teria ocorrido.

2. "Preste atenção nas batatas!"

O autor e palestrante José Luiz Tejon, que em sua infância foi vítima de um terrível acidente que lhe queimou uma grande porcentagem do corpo, inclusive o rosto, conta que sua mãe foi responsável por uma das melhores lições que ele teve na vida em relação a manter-se focado. Pelas queimaduras em seu rosto, o menino Tejon não conseguia sair na rua sem ser alvo de olhares de susto, pena ou coisas piores.

Um dia sua mãe o convidou para ir à feira com ela. Quando lá chegaram ela começou a lhe explicar as diferenças que existiam entre os diversos tipos de batatas e lhe deu uma tarefa de carregar as batatas que ela estava comprando. Cada vez que alguém começava a olhar ou apontar para ele, a mãe falava enfaticamente: "Preste atenção nas batatas, só existem as batatas".

> Não podemos controlar o que acontece conosco, mas podemos escolher em que focarmos independentemente do desafio pelo qual estejamos passando.

E essa técnica foi fundamental para que o jovem Tejon desenvolvesse seu poder de concentração, o que, apesar de todas as dificuldades, o levou a ter bastante sucesso em sua vida profissional. Algo que me faz lembrar aquela antológica fala de Apolo para Rocky quando ele estava prestes a perder uma luta: "Olho de tigre. Lembre-se do olho de tigre!". A capacidade de focar seu pensamento em algo que tire sua atenção dos problemas ao redor e foque no seu objetivo principal, que pode ser não sentir vergonha de sair na rua, vencer uma luta ou simplesmente ficar em paz, não somente o ajudará a ter êxito em sua vida profissional, mas também a ter uma vida mais plena e feliz.

Não podemos controlar o que acontece conosco, mas podemos escolher em que focarmos independentemente do desafio pelo qual estejamos passando. Pense nisso. Para ajudá-lo com essa tarefa busque algo que seja emblemático em sua vida. Um prêmio que você ganhou, a fala de uma pessoa que o influenciou, a expressão de gratidão de alguém que você ajudou e assim por diante. Da próxima vez que estiver com alguma dificuldade que esteja atrapalhando a sua capacidade de se concentrar, foque nessa visão quantas vezes for necessário para que sua mente pare de divagar com os problemas e volte a atenção para o que realmente importa.

3. Enfatize o positivo

Você já reparou que temos certa tendência a focar nos aspectos negativos de uma situação? Desde que comecei minha carreira de palestrante já fui avaliado por milhares de pessoas que assistiram a essas palestras. O que aprendi nestes últimos anos em relação a esse tema das avaliações é que existem dois tipos de palestrantes: aqueles que se importam bastante com as avaliações e aqueles que dizem que não se importam com avaliações..., mas que estão mentindo.

Há também aqueles palestrantes que admitem já terem sido mal avaliados e aqueles que dizem que nunca receberam uma avaliação negativa, mas que... bem, você já sabe. Brincadeiras à parte, as avaliações preenchidas pelo púbico no final de uma palestra ou workshop são muito valiosas para que o palestrante possa sempre melhorar, tanto usando as avaliações positivas para saber em que focar, quanto as negativas para saber o que precisa ser revisado, ajustado ou mesmo evitado.

Lembro-me de uma palestra que fiz no começo da minha carreira em que ao término fui ansiosamente verificar avaliação por avaliação. Após ter lido algumas dezenas de avaliações boas deparei com uma famigerada e, na minha cabeça inesperada, avaliação negativa. Essa pessoa realmente não tinha gostado da apresentação e fez questão de deixar isso claríssimo em seus comentários. Dei uma pequena pausa no que estava fazendo e pensei comigo mesmo: "Bem, não se pode agradar a todos, isso faz parte".

Continuei lendo as outras avaliações, mas na minha cabeça passou a existir apenas uma avaliação. Sim! Aquela derradeira avaliação negativa. Não importava mais quantas avaliações positivas eu continuasse lendo, aquelas palavras que expressavam desagrado ao meu trabalho pareciam sair do papel gritando e me dando tapas na cara. Parei para refletir por que aquela avaliação não saía da minha cabeça e concluí que estava sendo "vítima" de uma condição inerente a qualquer ser humano: o desejo (mesmo que você não admita) de ser amado por todos.

A partir daí busquei interiorizar algo que sabia intelectualmente, mas que claramente não estava de fato interiorizado: "É impossível agradar a todos". Respirei fundo, absorvi daquelas críticas o conteúdo que poderia ser relevante para eu melhorar minhas palestras e voltei a me focar nos comentários positivos.

Não quero criar uma falsa ideia de que esse processo foi tão fácil como minha breve descrição pode lhe dar ideia. Foi algo que levou semanas e bastante esforço para ser atingido, mas que me trouxe muitos benefícios.

É fundamental termos humildade para reconhecer pontos de melhoria, mas jamais devemos enfatizar nossas fraquezas ou o viés negativo de qualquer situação. Se você, como eu, gosta de dados científicos para ajudá-lo a convencer-se de algo, veja o que foi descoberto em um estudo que ficou conhecido como o "efeito Losada".

O psicólogo organizacional chileno Marcial Losada e sua equipe examinaram as emoções de centenas de equipes para entender como as emoções positivas e negativas de seus integrantes influenciavam o desempenho dessas equipes. A conclusão do estudo foi que as pessoas mais competentes tinham uma proporção de pelo menos três vezes mais sentimentos positivos *versus* sentimentos negativos (2,9 para ser exato).

Barbara Fredrickson, psicóloga que fez parte da equipe de Losada, expandiu esse estudo e concluiu que a mesma proporção de sentimentos positivos *versus* negativos se aplica às pessoas que prosperam na vida. Talvez você esteja se perguntando se, no outro extremo, um possível excesso de positivismo possa ser prejudicial. A resposta é sim. O estudo identificou que também existe um limite para essa positividade: acima da razão 11:1, Losada concluiu que as equipes perdiam o senso de realidade e ficavam entusiasmadas demais para apresentar alto desempenho. Portanto, é preciso ter bom senso. De qualquer maneira, como para muitos de nós nossa tendência natural é focar no negativo, da próxima vez que você se deparar com uma situação dessas, lembre-se do "efeito Losada" e busque aspectos positivos dessa experiência.

4. Pratique *mindfulness*

Mindfulness (algo como "concentração total") é uma técnica de meditação que surgiu na década de 1970, a partir de estudos de acadêmicos nas universidades dos Estados Unidos. Ao contrário das técnicas de meditação mais tradicionais que geralmente estão ligadas a certas religiões ou filosofias de vida, o *mindfulness* é algo mais prático e pode ser praticado sem que você esteja naquela tradicional posição de lótus, com os olhos fechados e com os dedos polegares pressionando os indicadores.

A técnica pode ser feita enquanto você toma banho, ao caminhar, durante uma refeição ou outra situação cotidiana. A ideia fundamental, como em qualquer técnica de meditação, é nos ajudar a estar "mais presentes" e, portanto, a nos focar apenas naquilo que estamos fazendo naquele momento. Quantas vezes você já se pegou pensando em algo que não tinha nada a ver com a tarefa que estava executando naquele momento? O que vou comer no jantar? Quando será minha próxima viagem à praia? Aquele acidente que lhe deixou parado no trânsito por mais de uma hora. Aquela cliente que fica lhe pedindo informações descabidas. Uma briga com o seu cônjuge e assim por diante.

Se você é como a maioria das pessoas, provavelmente isso acontece com você com certa frequência e, ao passo que isso é natural, não é nada produtivo. A prática do *mindfulness* lhe ajudará a conseguir permanecer mais tempo concentrado em suas tarefas pois aumentará a sua capacidade de perceber quando a sua mente se desviar do seu foco naquele momento.

Para iniciar a prática faça o seguinte:

Da próxima vez que for tomar banho experimente prestar atenção no contato da água com o seu corpo e que sensações aquela experiência lhe proporciona.

Em determinado momento sua mente começará a divagar. Não lute contra essa tendência da mente. Simplesmente perceba que isso está acontecendo e volte a se concentrar no que estava pensando antes.

Cada vez que você faz esse "movimento" de voltar a se concentrar no que estava fazendo, desenvolve sua capacidade de ter mais consciência dos próprios pensamentos, como se fosse um músculo que você fortalece ao praticar um exercício físico.

A técnica de *mindfulness* tem sido extensivamente estudada nas últimas décadas e existe evidência científica de que realmente funciona não só para aumentar o poder de concentração, mas também para reduzir níveis de estresse.

Não faz parte de meu objetivo neste livro ensiná-lo a praticar o *mindfulness*, mas sim despertar o interesse para essa prática para que você possa se aprofundar. O que quero aqui é chamar sua atenção para a importância de aumentar seu poder de concentração e como fazer algo prático para lhe ajudar a ter mais foco nas suas tarefas. Além disso, há muitas informações disponíveis em livros e na internet além de inúmeros cursos a respeito de *mindfulness*.

5. Mantenha os olhos no prêmio

Você já deve ter ouvido alguma vez que quando alguém está totalmente focado em atingir um objetivo não enxerga nada ao seu redor. Ou seja, não se distrai com nada que não seja relevante para contribuir para atingir aquele objetivo. Não me refiro aqui à ideia que se aplica aos típicos psicopatas que passam por cima de tudo e de todos para atingir seus objetivos. Isso, obviamente além de não ser ético, não tem futuro, pois uma hora ou outra esse indivíduo invariavelmente tropeçará em alguém em que está pisando e se esborrachará na queda.

O conceito que estou trazendo aqui é a capacidade similar à de um fotógrafo que, através de sua câmera profissional, pode produzir uma imagem na qual apenas o que ele deseja apareça focado, enquanto todo o resto aparece em segundo plano sem clara definição. Essa ideia foi estudada pela psicóloga social Emily Balcetis, que conduziu uma pesquisa na Universidade de Nova York. O estudo analisava como pequenas diferenças de percepção, sejam conscientes, sejam inconscientes, podem ter grandes consequências na vida de uma pessoa.

Com base em sua hipótese de que a percepção da facilidade ou da dificuldade de uma tarefa altera seu resultado concreto, ela e sua equipe criaram uma estratégia para provar essa hipótese que batizaram de "mantenha os olhos no prêmio". A estratégia consistia em instruir corredores a se focar apenas na linha de chegada, que era o objetivo final de uma corrida, esforçando-se ao máximo para tirar de seu campo de visão qualquer outro elemento da paisagem, como árvores, o solo, outras pessoas etc. (como se fossem a lente de uma câmera profissional focando apenas em um objeto). Para o grupo de controle a instrução foi correr em direção à linha de chegada observando o ambiente em que estavam inseridos. Depois, ela pedia para os corredores dos dois grupos estimarem a distância a que estavam da linha de chegada.

> Muitas vezes, 1% de diferença de performance é suficiente para diferenciar um atleta que receberá uma medalha de ouro daquele que receberá a de prata.

O resultado foi surpreendente. Os corredores que focaram apenas na linha de chegada estimaram que a distância que eles estavam dessa linha era em média 30% menor do que a distância que os integrantes do outro grupo tinham estimado.

Agora a grande questão era se essa percepção de uma distância menor impactaria o resultado da corrida para esses corredores. Para medir isso, ela colocou tornozeleiras com pesos equivalentes a 15% do peso corporal de cada pessoa e pediu para que corressem o mais rápido que pudessem até a linha de chegada. Será que a estratégia de manter os olhos no prêmio mudaria o resultado desses corredores?

A experiência provou que sim. Os corredores que usaram a estratégia reportaram um nível de esforço 17% menor do que os outros corredores e efetivamente se moveram 23% mais rápido. Então, a estratégia de manter os olhos no prêmio mudou não apenas a percepção da dificuldade da prova, mas também o resultado real da prova. Muitas vezes, 1% de diferença de performance é suficiente para diferenciar um atleta que receberá uma medalha de ouro daquele que receberá a de prata. Imagine, então, o impacto de 23% de diferença. Pense nisso e aplique a estratégia de manter o olho no prêmio, seja lá o que esse "prêmio" signifique para você.

CAPÍTULO 7

Passo 6: Comunique-se para alcançar suas vitórias

"Os homens sábios falam porque têm alguma coisa a dizer; os tolos porque têm de dizer alguma coisa."

PLATÃO

Todos sabemos que a comunicação humana é a mais sofisticada que conhecemos. É tão avançada, que até inventamos e construímos máquinas que se comunicam com seus criadores e entre si. Nem preciso me referir aqui àquelas irritantes mensagens do tipo "Você cometeu uma operação ilegal e seu computador será desligado"; falo de um simples apito da chaleira "avisando" que a água está fervendo.

Se a ideia deste livro é ajudá-lo a expandir seu território profissional ou empresarial, é preciso que você saiba como comunicar de maneira clara e enfática que tipo de território é esse.

Ora, mas não seria melhor "esconder o jogo"? Não mostrar suas "cartas"?

Não! Embora existam situações em que obviamente será importante agir com cautela antes de comunicar algo, o mundo corporativo atual não é uma mesa de pôquer na qual esconder o jogo e saber blefar é fundamental. É o contrário: é uma disputa de território na qual quem mostra as garras primeiro se dá melhor, justamente porque obriga o oponente a mostrar as armas dele de acordo com o seu tom.

Veja este exemplo. Certa vez, acompanhei uma complicada disputa judicial entre duas empresas envolvendo ações e dissolução de sociedade. Quando estavam prestes a entrar em acordo, a empresa mais "fraca" conseguiu contratar um dos mais experientes advogados em direito de sociedades anônimas do Brasil e pensou em esperar que a empresa mais forte mandasse a primeira minuta do contrato. "Assim saberemos suas intenções", pensavam os donos da empresa mais fraca. O experiente advogado foi inflexível: "Não! É justamente o contrário! Vamos passar o fim de semana trabalhando e mandar a minuta na segunda-feira às 8 horas da manhã. Nós só saberemos as intenções deles nas *alterações* que fizerem na nossa minuta!". O advogado tinha toda razão.

Quando um tigre conquista a área de outro tigre, não fica esperando seu novo território ser invadido para cuidar dele. Sua primeira providência é demarcá-lo como seu. E se desconfia de qualquer ameaça, a primeira atitude é rugir. O tigre avisa primeiro, confere depois. Se o invasor se depara com o poderoso *Olho de Tigre*, só lhe resta fugir.

Bem, vamos à prática!

O poder da comunicação

No livro *O líder alfa*, apresento a habilidade de comunicação como uma das características fundamentais para um líder ser bem-sucedido. Como esse assunto é tão fascinante e importante, resolvi me aprofundar aqui trazendo novos conceitos e ações tangíveis praticadas pelos maiores comunicadores do mundo.

Na minha experiência, a vasta maioria dos problemas de comunicação surge não por causa do conteúdo da mensagem em si, mas pela maneira como a comunicação é feita. Após quase vinte anos de casamento, raramente cometo um erro que cometia frequentemente ao me comunicar com a minha esposa no começo da relação. Quando discutíamos por algo, eu argumentava com ela: "Mas o que eu disse foi apenas 'blá-blá-blá'". E a Dani respondia: "O problema não foi o que você disse, mas a *maneira* como você falou comigo". Obviamente isso também acontece de mulheres para homens, mas eu arriscaria dizer que em geral as mulheres têm maior sensibilidade em relação à forma da comunicação do que os homens.

Independentemente de o locutor ser homem ou mulher, o interessante é entender por que o mesmo conteúdo pode gerar percepções distintas de entendimento dependendo da pessoa que o recebe e, mais importante ainda, o que fazer para que essa questão não gere ruídos de comunicação. A seguir explorarei esse tema.

Um método para expandir seu poder de comunicação

Ao contrário do que costumo fazer, este método só contém dois passos: como identificar estilos e como ser um influenciador. No entanto, esses passos são tão densos e importantes que resolvi focar neles. Vamos lá.

I. Identifique as diferenças de estilos

No trabalho conhecido como "estilos sociais", o psiquiatra e psicanalista suíço Carl Gustav Jung (1875-1961) identificou quatro estilos distintos de comportamento das pessoas.

Com base no trabalho de Jung e nas pesquisas da consultoria BTS, eu adaptei uma atividade que o ajudará de maneira prática e rápida a identificar seu estilo dominante e das pessoas com quem você interage. Leia as frases que compõem a definição de cada um dos quatro estilos fundamentais e decida qual dos estilos mais se assemelha à sua maneira de ser. Claramente você encontrará características suas em todos os estilos. Contudo, após uma análise mais refinada, conseguirá identificar o estilo que está mais próximo de sua maneira de ser. Os estilos são os seguintes:

- Objetivo

- Detalhista

- Criativo

- Emocional

Estilo "Objetivo" (O)

Você...

Gosta de fazer e estar envolvido em muitas atividades ao mesmo tempo?

Dá ênfase às ações e aos resultados?

Assume o controle das situações?

Toma decisões rápidas com base em dados resumidos?

Geralmente esconde sentimentos pessoais (exceto, talvez, a raiva)?

Prefere agir mais independentemente?

Às vezes se considera muito direto?

Prefere interações curtas e diretas?

Não gosta de perder?

Mostra impaciência com progressos lentos?

Fala e escreve utilizando "tópicos"?

Utiliza expressões como "Vamos ao que interessa"?

Estilo "Detalhista" (D)

Você...

Dá ênfase à qualidade, à precisão e a riqueza de detalhes relevantes?

Quer fazer as coisas corretamente já na primeira vez, mesmo que demore mais?

Toma decisões com base em análises e fatos concretos?

Sente-se desconfortável em tomar decisões com poucas informações?

Prefere agir mais independentemente?

Gosta de avaliar os prós e os contras e a relação custo--benefício de tudo?

Precisa ter tudo planejado com a devida antecedência?

Sente-se confortável com as regras e normas?

Prefere minimizar/evitar os riscos?

Prefere basear-se no que funcionou no passado?

Apresenta os detalhes de forma lógica e bem estruturada?

Pede e fornece respostas completas?

Descreve o seu estilo de comunicação como lógico e baseado em fatos?

Gosta de ter a razão (mais do que a maioria das pessoas)?

Acredita no lema: "Se você quer as coisas bem-feitas, faça-as você mesmo"?

Estilo "Criativo" (C)

Você...

Sente-se confortável em correr riscos?

Gosta de discutir diversas possibilidades para uma mesma questão?

Vê-se como um agente de mudança?

Tenta vender as suas ideias novas com entusiasmo?

Evita muitos detalhes e análise profunda?

Toma decisões com base na "intuição"?

Quebra constantemente as regras?

Às vezes fala antes de pensar?

Gosta de criatividade e inovação?

Gosta de explorar ideias novas e alternativas inexploradas para problemas?

Utiliza expressões como "E se..."?

Estilo "Emocional" (E)

Você...

Dá ênfase à harmonia, colaboração e ao consenso?

Importa-se com as pessoas?

Trabalha para construir a harmonia e a confiança?

Toma decisões com base na igualdade e na justiça?

Concentra-se tanto nos sentimentos como nas ideias?

Tenta envolver os outros?

Prefere evitar os conflitos?

Prefere agir num ambiente de equipe colaborativo a competitivo?

Sente-se mais confortável em tomar decisões que beneficiem a todas as pessoas?

Descreve o seu estilo de comunicação como informal e amistoso?

Permite livremente que os outros assumam o controle?

Gosta de construir parcerias e redes de contatos?

Utiliza expressões como "Estamos todos juntos nessa"?

Tem dificuldade em dizer não?

Após ter identificado o seu estilo predominante é importante familiarizar-se bem com as características dos outros estilos, pois assim você conseguirá entender a raiz de muitos dos conflitos em que você já se envolveu e, mais importante, como evitar esses conflitos no futuro.

Por exemplo, se você se identificou como "Objetivo" (O), entenderá que poderá ter problemas para se comunicar com alguém do estilo "Emocional" (E) porque, enquanto você quer ir direto ao assunto e concluir aquela interação rapidamente, a outra pessoa poderá ter a impressão de que você é rude, pois ela se sente confortável com interações nas quais o contexto é tão importante quanto se chegar ao objetivo principal da comunicação, ou seja, para pessoas desse estilo, a forma da interação é fundamental. Ou, você pode se incomodar com um "Detalhista" (D) que não aceita sua versão resumida de uma análise e constantemente lhe pede mais dados para poder tomar uma decisão. Ou ainda, você pode ir à loucura com um "Criativo" (C) que, ao passo que você já rapidamente analisou e decidiu seguir com a alternativa X para resolver um problema, mesmo que não se oponha a sua decisão tentará convencê-lo a também explorar as outras 32 alternativas possíveis que ele já imaginou e que podem ser "muito interessantes".

Qual estilo é o melhor? Claramente é o estilo Objetivo, que inclusive é o estilo dominante deste autor que aqui vos fala. Se você achou estranho que eu tenha apontado um estilo como melhor, parabéns! Pois na verdade não existe estilo melhor! Isso foi apenas uma brincadeira.

O que aconteceria em uma empresa se todos fossem do estilo Objetivo? Provavelmente as decisões seriam tomadas de maneira muito rápida sem a análise detalhada que seria necessária em muitos dos casos. Além disso, o impacto dessas decisões nas pessoas normalmente não seria tão considerado. Decisões rápidas o tempo todo sem a devida análise e sem levar em conta o seu impacto nas pessoas por certo levariam a empresa à falência.

E o que aconteceria em uma empresa se todos fossem do estilo Emocional? Você pode pensar que seria ótimo porque as pessoas seriam sempre consideradas. Porém, repare que o estilo Emocional caracteriza-se em parte por constantemente buscar consenso e se alongar nas interações. Em muitos casos, até uma decisão ser tomada já seria tarde demais.

O mesmo pode se aplicar em relação aos de estilo Detalhista. Se todos de uma empresa forem do estilo Detalhista, nenhuma decisão será tomada porque sempre serão necessários mais dados para serem analisados.

No caso de apenas pessoas do estilo Criativo, essa empresa teria muitas ideias criativas e inovadoras; a dificuldade seria colocar qualquer uma dessas ideias em prática já que eles adoram explorar ideias e mais ideias.

Obviamente, eu estou polarizando cada um dos estilos para ficar mais claro como identificá-los, mas, como mencionei antes, normalmente as pessoas apresentam características dos outros estilos além do seu dominante. O ponto mais importante desse exercício é poder reconhecer uma maneira geral os estilos das pessoas com quem você interage para que possa adaptar o seu estilo a essas interações.

Por exemplo, eu mencionei que o meu estilo dominante é o Objetivo, porém eu desenvolvi minha capacidade de "ler" os estilos rapidamente para poder me adaptar a eles e, assim, aumentar a efetividade da minha comunicação. Quando me comunico com um Detalhista, eu sei que preciso trazer mais detalhes para aquela comunicação. Com um Emocional, preciso estar atento às emoções que aquela comunicação pode gerar e assim por diante.

A seguir, dentro da matriz, identifique onde você e as pessoas com quem interage no seu ambiente de trabalho estariam (faça isso também com os membros de sua família, pois com certeza o ajudará a diminuir problemas de comunicação em família). Quanto mais próximo da extremidade dos eixos, maior dominância do respectivo estilo, e quanto maior a distância entre dois pontos da matriz maior deverá ser o esforço para se adaptar ao outro estilo.

O eixo vertical representa como as pessoas enxergam o mundo, ou seja, o foco delas está em tarefas e resultados ou em pessoas e ideias? O eixo horizontal representa como as pessoas tomam decisões, ou seja, de maneira mais ponderada ou mais rápida.

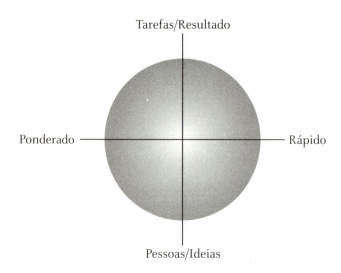

Pessoas com o estilo dominante Objetivo focam em tarefas e resultados e tomam decisões rapidamente. Pessoas com o estilo dominante Emocional são mais ponderadas para tomar decisões e focam em pessoas e ideias. Pessoas com o estilo dominante Detalhista também são ponderadas para tomar decisões, mas focam em tarefas e resultados, já as pessoas com o estilo dominante Criativo tomam decisões rapidamente, mas focam em ideias.

2. Seja um influenciador

A habilidade de influenciar pessoas é certamente um dos fatores mais importantes para atingir sucesso. Em um mundo em que está cada vez mais difícil atrair e principalmente manter a atenção das pessoas, um comunicador, para ser efetivo, deve ser capaz de influenciar pessoas. Aqui vou separar a capacidade de influenciar pessoas em duas categorias distintas: Racional e Emocional.

Categoria Racional

Com base em uma pesquisa do Instituto de Negociações de Harvard é possível definir três principais abordagens de influência. Organize as três abordagens de influência apresentadas a seguir de acordo com a sequência que normalmente seguiria. Não tente organizar a sequência de acordo com o que você *acha* que seria mais efetivo, mas com a sua maneira mais natural de conduzir uma negociação.

Abordagem A

Em interações nas quais preciso influenciar alguém eu...

... reflito sobre minhas próprias necessidades.

... me concentro em minha própria perspectiva.

... penso sobre o que eu quero naquela situação.

... me torno mais consciente de meus próprios sentimentos.

... quero que meu ponto de vista prevaleça.

... questiono o ponto de vista da outra pessoa.

Em resumo, eu me concentro nas minhas necessidades em primeiro lugar.

Abordagem B

Em interações nas quais preciso influenciar alguém eu...

... considero o que a outra pessoa quer.

... me coloco no lugar da outra pessoa.

... penso sobre o ponto de partida da outra pessoa.

... simpatizo com a outra pessoa.

... me preocupo com a outra pessoa.

... procuro ver se a outra pessoa pode estar certa.

Em resumo, foco primeiramente nas necessidades da outra pessoa.

Abordagem C

Em interações nas quais preciso influenciar alguém eu...

... dou um passo atrás e me concentro nos fatos.

... penso sobre o que uma pessoa objetiva diria.

... tento ver a situação como um terceiro.

... tento manter uma postura imparcial.

Em resumo, foco no que um observador neutro diria.

De acordo com a sequência que você escolheu, identifique qual seria o seu estilo de influência entre as seis possibilidades a seguir.

Sequência "ABC" — Persuasivo

Tende a buscar e liderar a formação de consenso e liderar mudanças mesmo que impopulares. Tende a ter paixão pelas causas que defende.

Sequência "ACB" — Debatedor

Tende a argumentar analiticamente de uma maneira objetiva usando dados e fatos. Utiliza comunicação direta sem rodeios.

Sequência "BAC" — Provedor

Tende a ter empatia pelas pessoas com quem está negociando e foca em manter bons relacionamentos.

Sequência "BCA" — Aconselhador

Tende a ser observador e foca em conselhos concretos. Gosta de ajudar os outros a ter sucesso, porém aprecia reciprocidade.

Sequência "CAB" — Investigador

Tende a pesquisar profundamente um assunto antes de formar sua opinião.

Sequencia "CBA" — Mediador

Tende a focar em aspectos positivos e ouvir diversos argumentos antes de formar sua opinião.

Agora que você já identificou o seu estilo de influência, deve estar pensando que, como na maioria das situações, não existe um estilo melhor que os outros, certo? Errado! Bem, se você pensou isso, não está totalmente errado porque realmente diferentes negociações podem ser conduzidas de maneira bem-sucedida por meio de diferentes estilos. No entanto, com base em estudos conduzidos pelo Instituto de Negociações de Harvard que analisavam centenas de negociações em que havia um alto grau de tensão envolvido, o estilo que provou gerar a maior quantidade de resultados positivos foi o estilo... Mediador (CBA)! Vejamos como esse estilo funciona de maneira prática por meio da história de um colega que vou chamar aqui de Raj.

Raj e sua esposa Indira moram em Londres, mas são filhos de imigrantes indianos. Indira certa vez ligou para Raj com a voz alterada reclamando dos executivos da empresa em que trabalhava — uma das maiores operadoras de call centers do mundo. Ela dizia: "Aqueles machistas desgraçados não me promoveram para ser a diretora geral do maior call center da Índia simplesmente porque eu sou uma mulher. São uns #@%*^^!!!!".

Raj, sempre muito calmo, disse a ela: "Fique calma, amor. Tenho certeza de que tudo vai dar certo". As palavras de Raj, por mais bem-intencionadas que fossem, soaram para Indira algo como: *"Satanás, eu invoco toda a sua ira!"*. Antes que Raj pudesse pronunciar outra palavra sequer, Indira começou a gritar com ele dizendo que obviamente não entendia o que ela estava falando porque ele *também* era um homem. Quando Indira chegou em casa, um pouco mais calma, já foi comunicando para Raj que no outro dia mesmo iria marcar uma conversa com o CEO da empresa e diria para ele umas boas verdades. Raj, cuidadoso para não cometer o mesmo erro da conversa telefônica, concordou com ela veementemente, mas sugeriu que nessa conversa com o CEO, em vez de destilar essas verdades (que mais uma vez ele concordou que faziam todo sentido!), ela usasse determinada estratégia para influenciar o CEO, a qual ele estava estudando e que teoricamente produzia melhores resultados. Raj ensinou para a sua esposa a sequência "CBA" que corresponde ao estilo Mediador.

Quando Indira se reuniu com Giorgio, o CEO da empresa em que trabalhava, começou a conversa da seguinte maneira: "Giorgio, o call center de Mumbai tem apresentado os piores índices de eficiência, rotatividade de pessoas e rentabilidade comparado com outras operações do mesmo tamanho. O executivo que foi escolhido para liderar o call center era o diretor de operações nos últimos três anos, portanto ele também tem responsabilidade por esses índices. Eu tenho aqui relatórios detalhados que compravam o que estou dizendo".

Nessa primeira parte da conversa ela usou a abordagem "C": apresentou dados e fatos de maneira objetiva. Continuando a conversa, Indira disse: "Nas suas entrevistas e nas apresentações para os acionistas você sempre ressalta que as suas prioridades são exatamente aumentar a eficiência e rentabilidade dos call centers ao passo que as condições de trabalho devem ser melhoradas para diminuir a rotatividade de funcionários". Nessa segunda parte da conversa ela usou a abordagem "B". Focou no que era importante para o Giorgio.

Finalmente ela disse: "Nos sete anos em que estou na empresa, eu melhorei esses exatos três índices em todos os call centers por que passei como diretora de operações. Portanto, eu acredito piamente que deveria ter sido promovida para o cargo de diretora geral desse call center. Indo além, estou convicta de que só não fui promovida porque sou mulher". Nesta parte final da conversa ela usou a abordagem "C": focou em sua necessidade e no que ela queria alcançar com aquela conversa (para focar no tema que é relevante aqui, estou simplificando o ocorrido porque obviamente houve interações de Giorgio enquanto ela conduzia a conversa).

Quando acabou de ouvir o que Indira queria, Giorgio deu uma longa pausa, digitou algumas teclas no seu computador e disse: "Indira, se eles querem ter um homem em Mumbai para dirigir aquele call center, deixe que eles sigam em frente. Em breve terão de prestar contas comigo em relação aos índices. Contudo, como você bem sabe, temos mais de 400 call centers ao redor do mundo e por isso acredito que você pode ser muito mais útil para a empresa se for a diretora do recém-criado comitê global de eficiência de nossos call centers do que de apenas um call center. Parabéns! A partir de agora você se reportará diretamente a mim".

Minha intenção ao lhe contar essa história não é tentar convencê-lo de que essa metodologia funciona, mas sim chamar sua atenção para algo mais relevante.

Para aumentar as chances de atingir os seus objetivos em uma negociação, é necessário preparar os argumentos com antecedência e analisar cuidadosamente como vai conduzir sua abordagem, seja ela qual for. De qualquer maneira, agora que você sabe que as estatísticas favorecem a sequência "CBA", da próxima vez que quiser aprovar um projeto importante na sua empresa ou simplesmente convencer sua esposa(o) a ir ao cinema, pratique um argumento seguindo essa estratégia. Talvez você se surpreenda com o resultado!

> Os influenciadores mais bem-sucedidos são aqueles que conseguem fazer com que as pessoas consigam se conectar emocionalmente com a mensagem que eles querem passar.

Categoria emocional

A capacidade de influenciar alguém vai além da habilidade de organizar uma sequência lógica de argumentos, como vimos na "Categoria racional". Os influenciadores mais bem-sucedidos são aqueles que conseguem fazer com que as pessoas consigam se conectar emocionalmente com a mensagem que eles querem passar. Nada é mais poderoso para se conectar emocionalmente com uma pessoa do que uma boa história. Histórias fazem parte da nossa vida desde a época das cavernas.

Por exemplo, um tema recorrente que uso em minhas palestras e workshops para melhorar a performance de equipes é o famoso conceito de resiliência.

Resiliência, como se sabe, é a capacidade que um material possui de voltar à sua forma original após ter sofrido algum tipo de deformação causada por calor, frio, pressão etc. Isso normalmente se refere a materiais inanimados – mas também acontece com humanos. Não significa subserviência. Significa uma forma superior de inteligência, em que você consegue "driblar" um oponente com uma espécie de jogo de corpo e depois voltar à sua posição de força original.

Recentemente li o estudo de dois professores da Universidade de Manchester, Cary Cooper e Ivan Roberts, em que defendem a ideia de que existem quatro pilares fundamentais para alguém se tornar mais resiliente:

- **Propósito**
- **Apoio social**
- **Confiança**
- **Adaptabilidade**

Eu achei o conceito muito bom e quis incorporá-lo em minhas apresentações quando abordo o tema. Uma maneira de incorporar essa teoria em minhas palestras e workshops seria descrevê-la e explicar cada um dos pilares. Outra maneira, mais engajadora e efetiva, é contar uma história e explicar os conceitos por meio dela. Vamos lá?

Já contei essa história no meu primeiro livro por isso não vou repeti-la aqui. Somente apresentarei seu resumo fazendo a conexão com os pilares de resiliência: Logo que me mudei para os Estados Unidos em busca da minha mudança de carreira, consegui um estágio em Marketing, mas na verdade era para... colar etiquetas. E ainda por cima um estágio não remunerado! Foi duro chegar em casa na primeira noite com a notícia, porém foi o que aconteceu.

Afinal, eu tinha um **propósito** (primeiro pilar) ou não? Eu tinha. Minha mudança de carreira. O primeiro passo estava vencido:

se meu propósito exigia colar etiquetas, vou "engolir esse sapo" e vou fazer isso da melhor forma possível. Fiz.

No entanto, só consegui isso com o segundo passo: o **apoio social** (segundo pilar) da Dani, minha esposa. Sem ela, eu provavelmente teria feito as malas, voltado ao Brasil e mandado o estágio e meus sonhos às favas. Nesse momento, quem teve o *Olho de Tigre* — quero imprimir aqui com todas as letras, para sempre – foi a Dani. Ao me ver devastado, ela me acolheu e disse: "Nada de desânimo. Você é inteligente, criativo e competente! Só precisa ter paciência que as oportunidades vão aparecer". A **confiança** (terceiro pilar) veio junto com o segundo. Eu sou competente! Eu vou conseguir!

E finalmente chegamos ao quarto conceito, o da **adaptabilidade**, que conecto em minha história com a minha mudança de carreira, a qual "exigia" de mim passar por aquela experiência, e somente porque fui adaptável eu consegui triunfar. Contando uma história relevante da minha vida, eu consigo passar os pilares de resiliência de maneira muito mais engajadora e que conecta mais profundamente com a audiência. Procure fazer isso da próxima vez que tiver de passar uma mensagem. Busque uma história relevante da sua vida e conecte-a com a mensagem que você quer passar.

CAPÍTULO 8

Passo 7: Compartilhe seu sucesso

"O grande segredo para a plenitude é muito simples: compartilhar."

SÓCRATES

Compartilhar cada pequeno sucesso com sua equipe ou com seus colegas é algo que valoriza "seu passe" de uma forma que você talvez nem imagine. É uma atitude que inverte o senso comum de que o melhor é esconder o jogo e guardar tudo para si.

Veja-se numa reunião com a diretoria na qual você vai apresentar um projeto cuja ideia principal foi dada por um jovem integrante da equipe ou até mesmo um estagiário. Você apresenta o projeto e dá o crédito. O rapaz fica até vermelho de vergonha. O que o vice-presidente vai pensar de você? "Este é um verdadeiro líder. Vou promovê-lo na próxima oportunidade." E o que sua equipe vai pensar de você? Vai se desdobrar em trabalhar e se esmerar em ter ideias para o próximo projeto: "Ele reconhece nosso trabalho. Ele reconhece nosso valor!".

No final, quem ganha o maior reconhecimento, quem fica com o maior prêmio é... Você! Mesmo sem ter tido a ideia, conseguiu expandir seu território com seu verdadeiro *Olho de Tigre*, com sua atitude de vencedor.

Há uma parábola que explica bem a vantagem de compartilhar ideias. Ela conta que havia dois comerciantes, cada um com uma mercadoria diferente. Eles acabam trocando uma mercadoria pela outra e cada um sai como entrou na negociação: com uma mercadoria. Ao lado, há dois filósofos, cada um com um pensamento. Ao trocarem seus pensamentos, cada um sai com *dois* pensamentos.

Veja agora como praticar a arte de compartilhar.

I. Não espere ser bem-sucedido para compartilhar

É muito comum pensarmos: "Quando eu ganhar 10 mil reais vou doar X por mês"; "Quando eu tiver tanto no banco, vou dedicar mais tempo aos meus filhos"; "Quando eu tiver a minha empresa, vou ser feliz".

Isso não existe. Se seu pensamento é esse hoje, sempre será. Quando ganhar 10 mil reais vai almejar ganhar 20 mil — e não há nada de errado nisso! O errado é adiar o compartilhamento, não o desejo de expandir seu território. A vida, assim como o sucesso, é um esporte coletivo que deve ser praticado e compartilhado sempre, desde o começo, todos os dias.

Trate de inverter a fórmula mais divulgada de felicidade, segundo a qual você só será feliz quando acontecer isso ou aquilo. Nada disso. Sua felicidade não é o financiamento de um imóvel, que só chegará depois de quitada a última parcela. A felicidade deve ser comemorada todos os dias com aquela maravilhosa sensação de dever cumprido, um dia de cada vez, não daqui a dez anos.

2. Não espere nada em troca ao compartilhar

Acredite: compartilhar deve ser algo natural. Se você espera algo em troca, é um negócio. Contudo, atenção: será um bom negócio ou um mau negócio?

Aqui temos outro paradoxo: Quanto mais você espera algo em troca ao compartilhar, menos você ganha.

Pense na última vez que você ensinou um colega ou alguém de sua equipe a fazer algo que só você sabia fazer. Se depois disso você ficar gastando tempo e energia esperando o "pagamento" pela sua generosidade, estará *desperdiçando* tempo e energia. É uma artimanha sutil e sorrateira, mas acontece dentro de nós. Quando menos esperamos, nossa mente está dominada por esses pensamentos.

Isso acontece com você, comigo e com a maioria das pessoas. Fique atento para perceber quando esses pensamentos invadirem sua mente e quando perceber que eles estão chegando busque algo para espantá-los. Eu sempre tento pensar nos grandes líderes da humanidade que admiro, como Martin Luther King, Gandhi ou o nosso Chico Mendes. A luta por justiça, a generosidade e o legado deles me inspiram a me libertar desses pensamentos. Busque o seu método.

Seus colegas não são seus inimigos. Podem ser seus adversários em situações concretas, por exemplo quando há disputa por uma promoção ou, no caso de empreendedores, quando há uma disputa por determinado cliente. Em todas as outras ocasiões, todos devem se unir para o bem de todos e da sociedade.

> A vida, assim como o sucesso, é um esporte coletivo que deve ser praticado e compartilhado sempre, desde o começo, todos os dias.

Quando eu digo que o bem dos outros é o seu bem, no fundo estou dizendo que o bem dos outros é um excelente negócio!

3. Nunca é tarde para compartilhar

Uma das histórias mais curiosas e emblemáticas de como compartilhar um sucesso é a que envolve a criação do logotipo da Nike.

Em 1971, Phil Knight, um professor assistente da Portland State University, dos Estados Unidos, havia montado uma pequena empresa de materiais esportivos e precisava de um logotipo. Contratou uma estudante de design da universidade, Carolyn Davidson, ao preço de 2 dólares por hora.

Pouco mais de dezessete horas depois, a estudante apareceu com o seguinte desenho:

Era ao mesmo tempo o símbolo de "correto" que se coloca ao lado de uma resposta certa, o desenho de uma asa e algo que graficamente representava velocidade. No começo, aparecia com o nome "Nike" escrito. Anos depois, o nome foi retirado e hoje talvez seja a logomarca mais famosa e eficiente do mundo. Compete com a Coca-Cola, com a vantagem de que não precisa do nome. Portanto, atravessa fronteiras, países e línguas.

Quanto Carolyn recebeu pelo trabalho? Apenas 35 dólares. Isso mesmo. Foi o combinado, foi o que foi pago.

Quando a Nike já era uma potência e mesmo envolvida em muitas polêmicas, seus donos poderiam pegar uma maleta de dinheiro e subornar Carolyn, para que nunca revelasse que ela era a pessoa que havia criado o logotipo e que somente recebeu 35 dólares por aquele trabalho. Resolveram fazer o contrário: prepararam uma festa-surpresa, na qual lhe deram um anel de ouro e diamantes, obviamente com o formato da marca, e ações da companhia no valor aproximado de 1 milhão de dólares.

A história fala por si só. Possivelmente, 35 dólares era o valor máximo que Phil Knight podia pagar quando a Nike ainda era pequena. Talvez fosse tudo o que seus jovens fundadores tinham para investir em um logotipo, ao contrário de hoje, em que uma campanha publicitária da Nike consome milhões de dólares.

O fato é que o logotipo da Nike permanece inalterado, atemporal e invencível até o momento em que escrevo este livro.

4. Você quer ser o mar da Galileia ou o Mar Morto?

Um fato interessante sobre a geografia de Israel é que lá existem dois mares, o mar da Galileia e o Mar Morto. O mar da Galileia está vivo e pujante. Ainda tem peixes para a população local e os bancos de areia estão lá com uma vegetação exuberante em volta. Em contraste gritante com o mar da Galileia está o Mar Morto. O nome diz exatamente o que ele é, porque nada vive em suas águas extremamente salgadas. As áreas ao seu redor são inóspitas e desoladas.

Como dois mares tão próximos podem ser tão diferentes? Ambos são alimentados pelas mesmas águas, do rio Jordão. Então por que razões um está morto e o outro vivo? A resposta é simples.

O mar da Galileia recebe a água limpa do rio Jordão e compartilha a mesma água fresca para o Mar Morto. Deixa fluir tudo o que recebe. O Mar Morto, porém, recebe a água limpa do rio Jordão, através do Mar da Galileia, mas estoca tudo pois não tem escoadouro. Toda a água fresca que recebe acaba virando matéria morta. Qualquer peixe colocado ali morre em questão de segundos, tão salgada a água é.

Que tal pensar nisso fazendo uma analogia com o comportamento humano? Você quer ser o Mar Morto ou o mar da Galileia?

No livro *A cabala do dinheiro* (Imago, 1991) o autor Nilton Bonder conta a seguinte história:

> *A um rabino muito justo foi permitido que visitasse o purgatório (Gehena) e o paraíso (Gan Eden). Primeiramente foi levado ao purgatório, de onde provinham os gritos mais horrendos dos rostos mais angustiados que já vira. Estavam todos sentados numa grande mesa. Sobre ela estavam as iguarias, as comidas mais deliciosas que se possam imaginar, com a prataria e a louça mais maravilhosa que jamais vira. Não entendendo por que sofriam tanto, o rabino prestou mais atenção e viu que seus cotovelos estavam invertidos, de tal forma que não podiam dobrar os braços e levar aquelas delícias às suas bocas.*
>
> *O rabino foi então levado ao paraíso, de onde partiam as mais deliciosas gargalhadas e onde reinava um clima de festa. Porém, ao observar, para sua surpresa, o rabino encontrou todos senta-*

dos à mesma mesa que vira no purgatório, contendo as mesmas iguarias, tudo igual — inclusive seus cotovelos, invertidos também —, apenas com um detalhe adicional: cada um levava a comida à boca do outro.

Quanto mais você expande seu território, mais pessoas cabem nele com as quais você poderá compartilhar. Pense nisso!

CAPÍTULO 9

Expandindo o território da vida

"Não tente se tornar uma pessoa de sucesso. Em vez disso, torne-se uma pessoa de valor."

ALBERT EINSTEIN

Mesmo tendo atingido reconhecimento por meio de meus livros que se tornaram best-sellers, ter sido entrevistado em programas de TV de grande audiência, escrito dezenas de artigos para publicações de notável prestígio e após ter ministrado centenas de palestras e workshops para executivos de algumas das maiores empresas do mundo, continuo me perguntando:

Afinal, o que é o sucesso?

Sabemos *de onde ele vem*, mas não necessariamente *para onde nos leva*. O sucesso vem de dedicação exaustiva, posicionamento, foco, humildade, estudo, criatividade, disciplina, colaboração, atitude, energia, competência, eficiência, resiliência, liderança, "fome" e visão ampla para sempre expandir o território. Para onde o sucesso nos leva, porém, às vezes está completamente fora do nosso controle, do nosso alcance ou da nossa compreensão. Veja o caso de Barbara Morgan.

Em 27 de agosto de 1984, Ronald Reagan, então presidente dos Estados Unidos, anunciou uma iniciativa para valorizar os professores da nação, conhecida como "Projeto um Professor no Espaço". O projeto buscaria um professor para fazer parte, como o nome dizia, de uma expedição espacial. Esse professor não voaria como membro do Corpo de Astronautas da Nasa, mas como especialista de carga e voltaria para sua sala de aula após o voo, para compartilhar sua experiência com os alunos. Mais de 40 mil inscrições de professores de todo o país foram enviadas para a Nasa. Cada inscrição incluía uma lição potencial que seria ensinada a partir do espaço, diretamente do ônibus espacial.

De todas as inscrições foram selecionados dez finalistas. Entre eles estava uma jovem professora da Califórnia, Barbara Morgan, que sonhava ser a primeira professora-astronauta da face da Terra. Barbara dedicou muitas horas no projeto que a classificou e, mais ainda, incontáveis horas nos meses de treinamento entre os dez classificados. Além de possuir alta capacidade intelectual, Barbara tinha garra, determinação e dedicação incansável. Ela claramente tinha o *Olho de Tigre*!

Em 19 de julho de 1985, a grande vencedora foi anunciada. A pessoa escolhida para integrar a missão espacial foi uma jovem professora que havia deixado todos da Nasa muito impressionados. Seu nome... Christa McAuliffe. Barbara fez o máximo que pôde, porém não foi a escolhida. De qualquer maneira, Barbara também havia se destacado e por isso foi escolhida como a substituta de Christa, caso ela desistisse da missão ou algo acontecesse com ela. Apesar do reconhecimento e de ter ganhado essa posição como possível substituta de Christa, Barbara ficou muito decepcionada, pois obviamente ela queria ter sido a escolhida. Ela havia se dedicado tanto, se sacrificado em tantos aspectos de sua vida pessoal e, mesmo tendo chegado tão perto, não iria realizar seu grande objetivo de ir ao espaço. Porém, por coisas do destino, apenas 73 segundos após a decolagem, o impensável aconteceu, o ônibus espacial *Challenger* explodiu, transformando-se em uma bola de fogo e matando instantaneamente toda a tripulação.

Após o acidente, o "Projeto um Professor no Espaço" foi cancelado e Barbara voltou ao seu dia a dia como professora. Em 1998, a Nasa lançou o "Projeto Educador Astronauta" que exigia que seus participantes se tornassem especialistas de missão (nesse caso, não podiam ser civis como no outro projeto). Mais de 20 anos após Barbara ter "fracassado" em alcançar o seu objetivo, a primeira educadora astronauta do mundo foi... Barbara Morgan! Ela foi "lançada" ao espaço a bordo da *Endeavour*, em 8 de agosto de 2007. Se ela tivesse alcançado seu objetivo duas décadas antes ela não teria tido a chance de aproveitar sua conquista.

Acredito que, por meio do meu trabalho, tenho contribuído para que milhares de pessoas melhorem sua performance como profissionais ou empresários, ou seja, que cheguem mais perto do sucesso. No entanto, não posso dizer com certeza, além daqueles fatores que nos levam ao sucesso que mencionei no início deste capítulo, o que faz alguém atingir um nível de sucesso tão elevado como o de Steve Jobs, Bill Gates ou Jorge Paulo Lemann. Claro que já considerei hipóteses como sorte, talento excepcional, genética, "estar no lugar certo na hora certa", ter nascido no país certo (eu mesmo já conjecturei algumas vezes que se eu tivesse nascido nos Estados Unidos, quem sabe *A estratégia do Olho de Tigre* não teria se tornado um best-seller mundial) e tantas outras possibilidades que não estão diretamente sob nosso controle. Provavelmente, todas essas questões influenciem esse sucesso estratosférico, porém, partindo do pressuposto de que não temos poder sobre essas variáveis, pouco vale nos atermos a elas.

Uma reflexão mais importante é que devemos, sim, sempre com integridade e honestidade, fazer tudo o que estiver ao nosso alcance para atingir nossos objetivos, mas que talvez alguns de nossos objetivos nunca serão alcançados daquela forma que imaginamos (ou naquele momento) e isso não seja ruim. Pelo contrário, talvez exista uma sabedoria maior em aceitar, não com conformismo, mas com serenidade e maturidade, algumas realidades da vida. Como, por exemplo, o fracasso em um negócio ou em alguma atividade, o fato de não vencer uma competição ou ainda de ser preterido no caso de alguma promoção no trabalho. Eu mesmo precisei mudar meus objetivos da carreira de músico para encontrar muito mais sucesso e plenitude em minha vida. Eu poderia ter encarado isso como fracasso, mas não foi o que fiz.

Indo além, já falamos de realização profissional, excelência, ganhos, vitórias, reconhecimento, conquista de todos os tipos de territórios. No entanto, pense comigo: quanto dinheiro você consegue levar para o seu travesseiro? Quantas fatias de mercado cabem na sua alma?

Conheço e trabalho com inúmeros empresários e altos executivos que, embora bem-sucedidos, continuam com um vazio que não conseguem explicar.

Contudo, também conheço outros que conseguem conciliar seu enorme sucesso com uma vida afetiva e espiritual tão plena quanto o seu conforto material. Não estou falando de monges ou fanáticos religiosos, muito menos daqueles empresários que trocam de guru a cada semestre, conforme a moda da vez.

Falo de gente que cuida do coração e da alma no dia a dia, com a mesma naturalidade com que faz um bom negócio. Gente que inspira e exala boa energia por onde passa.

Gente que quando chega ao escritório recebe um sorriso dos colegas.

Que devolve o sorriso e seu simples "bom dia!" ilumina o ambiente.

Que todo mundo gosta de ouvir nos momentos de crise.

Que desarma invejas, ódios e maus sentimentos apenas com o coração.

Que desmente em cada gesto a crença na desonestidade e cultiva o bem.

Que sabe que expandir um território à custa de prejudicar os outros é conquistar terras inférteis.

Eu amo o Brasil e o povo brasileiro. Já estou cansado dessa história de que todo brasileiro é corrupto, preguiçoso, quer levar vantagem etc. É verdade que existem muitos assim, mas existem muitos mais que não são assim.

O povo brasileiro é tão belo quanto a sua natureza. É extremamente esforçado, trabalhador, honesto. Para cada um que é desonesto e mal-educado existem muitos mais que devolvem a carteira que acharam perdida na rua, que pedem licença, agradecem e são gentis e simpáticos.

Eu tive a oportunidade de conhecer dezenas de países e, quando me encontro com brasileiros no exterior em minhas palestras, workshops ou reuniões, a conexão é imediata, quase mágica. Deixa os estrangeiros admirados. Não se trata de "oba-oba", pois quando começa a reunião nossas contribuições são extremamente relevantes.

Faça as contas: somos a oitava maior economia do mundo. Quem produz essa potência?

> O Brasil é um copo meio cheio. Isso é uma excelente notícia, pois temos a bênção de poder preenchê-lo com a água que quisermos.

Os brasileiros!!!

É certo que ainda exportamos muitas *commodities*, como grãos e minério de ferro. No entanto também criamos e exportamos tecnologia de ponta como os sofisticados aviões produzidos por nossa emblemática Embraer. Há universidades no Nordeste cujos recém-formados já saem empregados nas empresas do Vale do Silício nos Estados Unidos.

Se ainda temos contrastes, vamos nos lembrar da metáfora do copo preenchido até a metade. Ele está meio cheio ou meio vazio?

O Brasil é um copo meio cheio. Isso é uma excelente notícia, pois temos a bênção de poder preenchê-lo com a água que quisermos.

Sim, o Brasil ainda tem muita miséria, violência, corrupção e tantos outros problemas que precisamos resolver, mas reclamar não resolve nada. Precisamos agir independentemente das adversidades.

Pois bem, um pouco antes de terminar este livro, eu estava num táxi a caminho de casa. Estava perdido em meus pensamentos imaginando esta nova obra impressa, eu folheando os primeiros exemplares, na noite de autógrafos e tudo mais.

De repente, pela primeira vez em minha vida, vi um revólver pela janela, apontado para mim. Como quase sempre, um jovem, um misto de bandido e vítima de nossos contrastes.

Por menos de 30 segundos, como costuma acontecer nessas horas, tudo se congelou. As prioridades se inverteram. Meus negócios, meus planos para o futuro, a expansão do território, mesmo este livro, tudo se tornou praticamente nada perto do fundamental: manter-me vivo, respirando e bem, para chegar em casa e abraçar minhas filhas e minha esposa.

O bandido levou tudo. Celular, notebook, carteira. No entanto, não sofri um arranhão e tudo o que ele levou era substituível. Meus arquivos eu tinha cópia (sempre faça backup!). Os objetos, basta comprar outros.

Por uma grata ironia, o mais importante não foi o que ele tirou de mim, mas o que ele me deu.

Após meus ânimos terem se acalmado, o que me veio à mente naquele momento foi uma música de umas das grandes bandas brasileiras de rock da minha geração, a Legião Urbana, chamada "Pais e Filhos", em que o genial Renato Russo escreveu: "É preciso amar as pessoas como se não houvesse amanhã, porque se você parar para pensar... na verdade não há". Esse é mais um segredo de quem desenvolveu, potencializou e mantém vivo o *Olho de Tigre*!

Ah, o que aquele rapaz me deu?

Ele me deu o final deste livro.

Bibliografia

Livros:

GUNARATANA, Bhante Henepola. *Mindfulness in plain english*. Somerville: Wisdom, 2015.

BLANCHARD, K. *O gerente minuto*. Rio de Janeiro: Record, 2003.

CARROLL, L. *Alice* – Aventuras de Alice no País das Maravilhas. Tradutor: Maria Luiza Borges. Rio de Janeiro: Zahar, 2010.

COELHO, P. *O alquimista*. Rio de Janeiro: Rocco, 1992.

CORREA, C. *Sonho grande*. Rio de Janeiro: Primeira Pessoa, 2013.

DRUCKER, P. F. *Desafios gerenciais para o século XXI*. São Paulo: Thomson Pioneira, 1999.

FIFER, B. *Dobre seus lucros*. Rio de Janeiro: Agir, 2012.

FOER, J. *Moonwalking with Einstein*: The Art and Science of Remembering Everything. New York: Penguin Books, 2012.

FONTAINE, J. de la. *Fábulas de Esopo*. Adaptado por Lucia Tulchinski. São Paulo: Scipione, 2012.

GALLO, C. *10 Simple Secrets of the World's Greatest Business Communicators*. Naperville: Sourcebooks, Inc., 2006.

GLADWELL, M. *Blink: A decisão num piscar de olhos*. Rio de Janeiro: Rocco, 2005.

GOLEMAN, D. *Foco*. Rio de Janeiro: Objetiva.

HOMERO. *Odisseia*. São Paulo: Cultrix, 2014.

ISAACSON, W. *Steve Jobs: A biografia*. São Paulo: Cia. das Letras, 2011.

INSTAREAD (org.). *Key Takeaways & Analysis:* Collection of 2015 NY Times Best Sellers. 2015. E-book.

OHNO, T. *Toyota Production System*: Beyond Large-Scale Production. New York: Productivity Press, 1988.

SUTHERLAND, J. *Scrum*: The Art of Doing Twice the Work in Half the Time. Massachusetts: Crown Business, 2004.

Documentário:

GELB, D. *O Sushi dos Sonhos de Jiro*. 2011. 83 min.

Leia também os outros livros do autor

Se o mundo empresarial é uma selva, seja o predador

O mundo profissional está cada vez mais competitivo. Vivemos em uma verdadeira selva corporativa, na qual todos os dias você precisa lutar muito para crescer na carreira e na profissão. Hoje, não basta ter as informações certas e as competências desejadas. É preciso ter as atitudes e as posturas que o façam realmente vencer.

Para o autor desta obra, o conjunto das qualidades que fazem um profissional se destacar compõe a *estratégia do olho de tigre*, que vai ajudá-lo a desenvolver seu potencial para você saber mais como:

- Conhecer suas fortalezas e fraquezas
- Transformar seus sonhos em objetivos
- Ser dedicado e resiliente
- Ser criativo ao resolver problemas
- Aproveitar as oportunidades
- Turbinar seu networking
- Cuidar do seu posicionamento

Garra, determinação, precisão e força fazem parte do comportamento de quem descobriu como ser bem-sucedido. Desenvolva a *estratégia do olho de tigre* e seja uma daquelas pessoas que toda empresa quer em sua equipe.

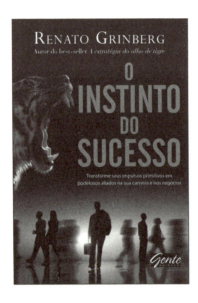

Defenda seu sucesso com unhas e dentes: use seus instintos para vencer

Todos os dias, vemos profissionais de todos os níveis agindo não segundo decisões racionais e pensadas, mas por reações impulsivas e inconscientes: são executivos que têm atitudes precipitadas, profissionais que usam estratégias ardilosas por se sentirem ameaçados, gestores que ficam paralisados por medo e ansiedade, funcionários que se sobrecarregam e vergam sob a enorme pressão, e deixam o estresse chegar a níveis insustentáveis, pessoas que tratam os outros com agressividade, descontando neles suas frustrações etc.

Para o autor deste livro, reações como essas, embora prejudiciais, são genuínas de todo ser humano. Elas acontecem porque, apesar de termos evoluído muito desde a pré-história, ainda somos regidos pelos mesmos instintos primitivos que determinavam o comportamento de nossos ancestrais das cavernas diante das adversidades. São como feras prontas a defender você a qualquer custo com suas garras. Porém, é possível usar essas reações a seu favor, entendendo como e por que elas acontecem. Você saberá, entre outras coisas:

- Como utilizar o instinto da sobrevivência para transformar competição destrutiva em competitividade positiva.
- Como usar o instinto do medo para converter insegurança e ansiedade em planejamento e resultado.
- Como aproveitar o instinto da preservação e transformar agressividade em motivação.
- Como o instinto de defesa pode ser aproveitado para desenvolver a liderança autêntica.
- Como usar o instinto da reprodução para evitar a estagnação e construir um legado duradouro.

Aprendendo a direcionar seus impulsos, seus instintos o levarão ao sucesso!

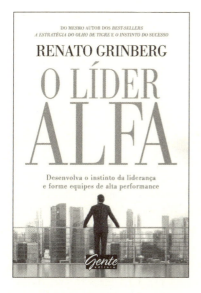

O novo livro do autor dos best-sellers
A estratégia do olho de tigre e
O instinto do sucesso

Existem chefes – e todo mundo já se deparou com eles durante a carreira – que em vez de extrair o melhor resultado da equipe fazem exatamente o oposto, desmotivando e oprimindo os colaboradores e, em casos mais clássicos, competindo com aqueles a quem deveriam ajudar a crescer.

Por isso, a capacidade de liderar se provou o maior tesouro das empresas na era moderna e a principal competência para quem deseja ter sucesso no mundo corporativo e dos negócios. Afinal, a diferença entre um pseudolíder e um líder de verdade está no entrosamento, na expansão dos talentos individuais e, fundamentalmente, no crescimento da organização. Para resumir melhor, bons líderes significam resultados extraordinários.

Renato Grinberg, especialista em liderança e autor dos livros best-sellers *A estratégia do olho de tigre* e *O instinto do sucesso*, apresenta aqui um olhar precioso para quem almeja ser um grande líder. Neste livro, você verá como o líder não é apenas aquele que está à frente de sua equipe, mas é a figura reconhecida por todos como confiável e referência de quem faz as coisas acontecerem – mesmo que ainda não ocupe a posição de gestor. Para liderar é importante estar na busca por excelência e alta performance como líder.

Entenda como pensa, age e reage o líder que inspira e multiplica talentos.

Este livro foi impresso pela gráfica Edições Loyola
em papel norbrite plus 66,6 g.